ALÉM DO CARMA

TRIGUEIRINHO

ALÉM DO CARMA

Editora
Pensamento
SÃO PAULO

Copyright © 1996 José Trigueirinho Netto

8ª edição 2012

Capa: Ana Regina Nogueira e Pedro Crown

Os recursos gerados pelos direitos autorais dos livros de Trigueirinho são revertidos na manutenção de centros espirituais que não se vinculam a instituições, organizações, seitas nem entidades de nenhum tipo.

Nenhuma parte desta obra pode ser reproduzida ou usada de qualquer forma ou por qualquer meio, eletrônico ou mecânico, inclusive fotocópias, gravações ou sistema de armazenamento em banco de dados, sem permissão por escrito, exceto nos casos de trechos curtos citados em resenhas críticas ou artigos de revistas.

A Editora Pensamento não se responsabiliza por eventuais mudanças ocorridas nos endereços convencionais ou eletrônicos citados neste livro.

Direitos reservados
EDITORA PENSAMENTO-CULTRIX LTDA.
Rua Dr. Mário Vicente, 368 – 04270-000 – São Paulo, SP
Fone: (11) 2066-9000 – Fax: (11) 2066-9008
E-mail: atendimento@editorapensamento.com.br
http://www.editorapensamento.com.br
Foi feito o depósito legal.

Impressão e Acabamento
Cometa Grafica e Editora
Tel- 11-2062 8999
www.cometagrafica.com.br

Sumário

Ao leitor 7

Introdução 9

Parte I
A LEI DO CARMA·

Carma e neutralidade 17

Uma lei de muitas faces 21

Parte II
O CARMA NA VIDA DO SER HUMANO

O ensinamento do carma 29

As ligações familiares no jogo cármico 39

Reequilíbrio e cura por meio do carma 51

Parte III
LIBERAÇÃO DO CARMA

A saída do labirinto — 61
A libertação pelo cumprimento de leis mais amplas — 67

Parte IV
ALÉM DO CARMA

A transmutação monádica — 73
O novo código genético — 77
O despertar do consciente direito — 83

Parte V
O CARMA NA VIDA DOS PLANETAS

Vínculos que ultrapassam eras — 93
O carma dos reinos em evolução na Terra — 99
A regência da lei do carma nos planetas — 109
Nova etapa — 113

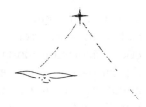

Ao leitor

Imagine uma pedra arremessada no meio de um lago. O impacto causado na superfície da água por sua queda produz uma série de ondas concêntricas. E essas ondas, ao se propagarem, tornam-se por sua vez causa de outros fenômenos, que variarão em grau e intensidade, a depender do que encontram no caminho.

Assim como o arremesso de uma pedra na água, tudo o que realizamos no nível físico-etérico, no emocional e no mental repercute no universo, gerando efeitos. Até mesmo ao piscar os olhos influímos nas mais distantes estrelas. A atividade emocional e a mental influem ainda em maior proporção que a física, pois nos níveis em que ocorrem a energia é menos condensada e as interações mais intensas. Não há movimento no mundo material que não dê origem a novos movimentos. Ao poder regulador dessa mecânica que encadeia ações a reações dá-se o nome de lei do carma, ou lei de causa e efeito.

Além disso, as conseqüências de um movimento refletem-se na fonte geradora a fim de manter o equilíbrio do universo, ou seja, os efeitos de uma ação voltam ao ponto de origem. A isso chamamos retorno cármico, que pode ser negativo ou positivo, a depender da qualidade da causa primeira e da transformação por que passa o impulso ao percorrer o universo. Todavia, essas constatações não foram ainda feitas pelo homem comum, e a lei do carma não é por ele reconhecida. Ele "atira pedras na água" descuidada e continuamente, sem levar em conta o que lhe advirá depois.

Se compreendemos a lei do carma, vemos que os acontecimentos de nossa vida, o traçado do nosso destino terrestre, não são castigo de um Deus impiedoso ou sorte casual, mas o encadeamento de causas e efeitos. A lei do carma permite o equilíbrio dos impulsos gerados. Compreendendo-a, somos ajudados a simplificar a vida, a evitar os conflitos que de maneira normal engendramos.

Mas, embora até hoje essa lei material tenha sido básica no processo evolutivo da Terra, sempre foi possível aos seres humanos transcendê-la. Nesta época, essa possibilidade se amplia a um número maior de pessoas, e todo o planeta passa por uma transformação singular.

Usando mais uma vez a analogia da pedra arremessada no lago, diríamos que a propagação do movimento ondulatório se limita praticamente à superfície da água. À medida que a pedra afunda, diferente é o comportamento do universo que a cerca. Da mesma maneira, a lei do carma age nos níveis de existência concretos, superficiais, porém nos níveis profundos não nos pautamos por ela, mas pelo que se denomina *lei evolutiva superior* ou por aspectos ainda mais elevados da Lei do Equilíbrio.

Muitos estão sendo agora preparados para passar à lei evolutiva superior, para a atuação consciente nesses níveis mais profundos da existência, e sobre isso iremos tratar.

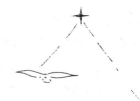

Introdução

Esta série de reflexões surgiu de uma sugestão do Editor, que nos apontou a necessidade de os leitores conhecerem a lei do carma, serem ajudados a conviver com suas implicações e sobretudo aprenderem a transcendê-la.

Embora em vários países do Oriente informações sobre essa lei sejam bem difundidas, seu ensino foi praticamente excluído da cultura ocidental. As notícias e comentários sobre acontecimentos diários transmitidos pelos meios de comunicação de massa atestam quanto ela é ainda ignorada em geral. Assassinatos, roubos, acidentes, vitórias, festejos, encontros e disputas seriam enfocados de outra maneira se a lei do carma fosse levada em conta, pois quem a conhece sabe não existir o acaso e tampouco vítimas, culpados ou motivos para perplexidade diante de qualquer fato.

Como segundo essa lei tudo procede do que foi algum dia semeado, podemos compreender que a miséria, a escassez e as hostilidades advêm de más ações, ao passo que a verdadeira prosperidade é fruto de obras benéficas. Nessa ordem de idéias, também é útil saber que muitas coisas negativas podem ser evitadas ou reorientadas conforme nossa atitude.

Mas, apesar de a lei do carma regular o destino, há fatos que não podem ser atribuídos só à sua atuação, como certas enfermidades manifestadas por seres de evolução elevada. O câncer de Sri Ramana Maharshi, bem como as moléstias de outros instrutores espirituais e de pessoas no caminho da santidade, por exemplo, estão além desse âmbito; nesses casos, os males podem ser um serviço por eles prestado, um labor oculto e silencioso em suas células físicas que repercute de modo benéfico e purificador no carma de toda a espécie humana.

Todos os átomos existentes provêm de um único "reservatório", e ao virmos à encarnação atraímos uma porção deles para formar nossas células e constituir nossos corpos; assumimos assim parte do carma geral dos átomos do planeta. Da mesma forma, o trabalho de purificação que pudermos fazer em nós reflete-se nesse "reservatório" quando os átomos lhe são devolvidos ao término da encarnação.

Santa Teresa de Ávila, no seu livro *Fundações*, relata que lhe era claro quando algum mal-estar das monjas por ela orientadas decorria em benefício do mundo — "mortificações assumidas por amor a Deus", dizia — ou quando era fruto de imperfeições ou, ainda, quando era um desajuste meramente circunstancial.

Vê-se que a maioria das situações advém do retorno das ações passadas, e outras são assumidas pelo ser como serviço à humanidade; mas há ainda as que surgem simplesmente para a maior "glória de Deus". São quase sempre incompreensíveis para a mente racional, e um exemplo típico é o episódio citado no evangelho, da criança que, tendo nascido cega sem ser por sua culpa ou por culpa dos pais, foi curada por Jesus. Nenhum deles semeara no passado aquela cegueira.

Que vem a ser um acontecimento para a "glória de Deus"? É uma grande oportunidade de lampejos das realidades suprafísicas penetrarem nos planos materiais. A provação é experimentada para que essas realidades além de toda e qualquer legislação material venham saná-la, manifestando assim sua potência transcendente, sua onisciência. Se o leitor aprofundar suas reflexões silenciosas, chegará a outros significados de fatos que se vêem no mundo para a "glória de Deus".

E, além de tudo isso, há circunstâncias em nossa vida que podem não estar relacionadas com o reequilíbrio de atos praticados no passado, nem com uma oferta de purificação da humanidade e tampouco com essa sublime graça* de que acabamos de falar; podem ser o preparo de novos aspectos de nosso ser para o que viveremos no futuro. O modo como acontecem, porém, não contradiz a lei do carma, mas a utiliza em sintonia com leis superiores.

---

* **Graça**. Ação de energias suprafísicas nos planos materiais. A graça é a exteriorização de algo já realizado no mundo interior.

A lei do carma ainda é pouco estudada no Ociden-
te, como dissemos. Entretanto, mesmo não sendo difundi-
da, sempre foi possível encontrar informações a seu respeito. Se alguém começa a trilhar conscientemente o caminho espiritual, de algum modo chega a conhecê-la para
compreender os fatos do destino e colaborar em sua
transformação.

Inseridos no trabalho de instrução espiritual, não
poderíamos deixar de apresentar em nossos livros, sob
diferentes pontos de vista, assunto tão necessário. O que
havíamos antes publicado a esse respeito foi selecionado
e aqui reunido com muitos acréscimos e comentários elu-
cidativos. Todavia, o que a presente síntese ressalta é o
fato de a sujeição à lei do carma ser apenas uma etapa na
evolução da espécie humana. Uma vez vivida com inteligência, passa-se a outras etapas, em que a alma fica livre
para caminhos mais amplos que o de uma vida individual
com as limitações próprias de todo e qualquer ego.

Se o leitor compreender os ensinamentos sobre a
lei do carma, verá que lhe fornecem chaves importantes
para viver com harmonia. Ademais, vislumbrará o caminho para ingressar em áreas da consciência em que a lei
evolutiva superior toma o lugar dessa sábia lei material.

Como dissemos no livro *Caminhos para a Cura Interior**, muitas mudanças realizam-se na vida dos que as-
sumem seu processo evolutivo. Tendo ampliado sua
consciência, sua vida torna-se mais universalizada e, por-

---

* Editora Pensamento, São Paulo.

tanto, regida por forças de maior potência e alcance. Assim, eles se libertam do círculo limitado de acontecimentos puramente pessoais, para participar de forma ativa da infinita obra da criação universal. Elevam-se a outro nível de existência e, por seu intermédio, a energia criativa pode fluir com maior liberdade.

Todos os que se encontram receptivos à transformação e às realidades dos mundos suprafísicos estão sendo ajudados em grande intensidade. Esses mundos já fazem parte da nossa vida nos planos em que temos o nosso ser interior, e seu pulsar já pode ser percebido no coração de muitos. A esse propósito, descrevemos em livros anteriores diversas experiências de trabalhos de cura realizados em planos de existência sutis, tendo como resultado grande harmonia, purificação e elevação.

Várias etapas evolutivas podem ser hoje percorridas simultaneamente, indicando a presença e a ação de novas leis na órbita planetária. O assunto da lei do carma e da sua superação, portanto, tem agora maior possibilidade de tornar-se mais acessível.

Parte I
A LEI DO CARMA

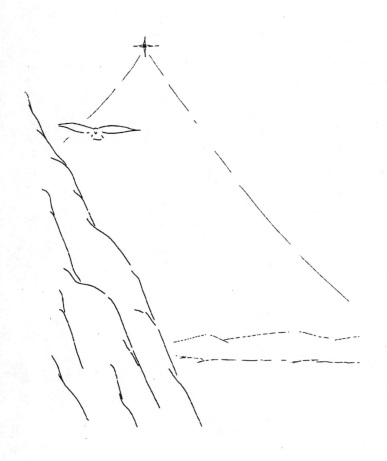

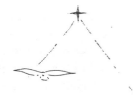

Carma e neutralidade

A lei de causa e efeito, ou lei do carma, pode ser sintetizada na conhecida frase "O homem colhe o que semeia". Segundo essa lei, as ações, os sentimentos e os pensamentos produzem efeitos que retornam a quem os gerou a curto, médio ou longo prazo. Assim, o que é vivido hoje determina o futuro, e por isso em alguns idiomas pouco filosóficos costuma-se empregar a palavra *destino* para traduzir o termo sânscrito *karma* ou *karman*, embora ela não seja adequada, pois o termo sânscrito engloba conteúdos mais amplos, como, por exemplo, o impulso ao surgimento da moral.

Pela sua precisão e clareza, a lei do carma é sobremaneira simples, tanto de compreender como de levar em conta em nossa vida diária. Foi uma das primeiras apresentadas à humanidade. Podemos ver um dos seus aspectos mais primários na *Bíblia*, quando Moisés afirma: "Olho por olho e dente por dente", e um dos seus aspectos mais avançados no clássico *Bhagavad-Gîta*, epopéia escrita nos primórdios da Índia, cuja personagem, o Príncipe Arjuna, descobre a liberdade que advém de agir sem apego aos frutos da ação.

Assim ensina o *Bhagavad-Gîta*:

"O ignorante trabalha
pelos frutos de sua ação;
o sábio deve trabalhar também,
porém, sem desejo,
guiando os pés do homem
para o caminho do dever.

"Aquele que age sem cobiça ou planejamento
pelos frutos da ação
tem suas correntes quebradas;
seus atos se desprendem dele,
consumidos pela chama do conhecimento.
Voltando as costas aos frutos,
ele nada necessita;
o Espírito é suficiente e
ele age, porém além da ação."

Quem busca o caminho espiritual se dispõe à manifestação do bem, da verdade e da beleza no próprio ser e no universo. Contudo, a mais elevada expressão da harmonia intrínseca à vida requer plena liberdade, a soltura de todos os laços que ligam a consciência à matéria, mesmo os positivos. Para isso, é necessário mais que boas ações equilibradoras de atos negativos: é preciso neutralidade ao agir.

Na realidade, caminha-se para a verdadeira libertação não só praticando o bem e assim semeando futuro promissor, pois isso produz laços positivos. A libertação vem do desapego por tudo o que se faz, sente ou pensa. Embora essa condição marque uma adiantada etapa evolutiva, há quem se esforce para alcançá-la, apesar de o meio ambiente em geral instigar o envolvimento emocional e mental com o que se passa dentro e fora das pessoas.

Observa-se que a lei do carma visa ao contínuo progresso rumo à harmonia, sobretudo por meio do serviço ao bem universal, desinteressado de resultados. Para atingir tal meta, a via mais direta é essa neutralidade.

Quando a pessoa já não tem apego a nenhum ato, positivo ou negativo, pode transcender as ligações com os fatos e, portanto, com a lei do carma. A recomendação de "estar no mundo sem ser do mundo", feita por Jesus, sintetiza essa almejada situação.

A aranha cria seu universo sem se atar a ele, tece sua teia sem nela se enredar. Mas o homem, ao construir sua vida sobre a Terra, comumente mistura-se nela, apega-se ao que faz e cria. É como se estivesse preso em um aposento e uma pequenina vela fosse toda a luz de que dispõe. Vê de modo difuso e faz muitas experiências em sua tão querida prisão. Tece sua teia com pensamentos, sonhos, desejos e objetivos pessoais. Assim constrói a própria vida, mesmo não conseguindo ver o verdadeiro desenho desde sempre planejado para ela. Fica emaranhado nos fios.

Mas, em dado momento, esse tecelão ouve dentro de si a ordem de destruir sua amada teia. É quando começa a treinar o desapego, a desatar os laços antigos e a evitar a criação de ligações supérfluas. Ingressa por fim no caminho de retorno aos mundos de onde um dia partiu como pura consciência.

Uma lei de muitas faces

A lei do carma nada mais é que um aspecto, material, de uma lei abrangente: a Lei do Equilíbrio, que rege a inteira existência.

A Lei do Equilíbrio está em tudo: desde o pulsar dos diminutos átomos até o das estrelas. Expressa-se de diferentes modos, em diferentes âmbitos, sempre levando os seres à realização. Até agora, o ensinamento espiritual da humanidade terrestre precisava dar muita ênfase à sua expressão mais concreta, a lei do carma, pois era uma das diretrizes primordiais da vida na superfície do planeta.

A Lei do Equilíbrio pode ser percebida em diversos níveis:

◊ regendo a existência externa dos seres e sua evolução nos limites da vida planetária — nesse caso é denominada lei do carma;

◊ regendo a interação dos seres com a vida do sistema solar — nesse caso é denominada lei evolutiva superior;

◊ regendo a interação dos seres com a vida cósmica — nesse caso expressa-se de outras formas, mais puras.

O âmbito de atuação da lei do carma compreende os níveis densos dos universos. Desde o pequenino universo de uma célula até o de grandes galáxias estão, em nível material, sob a sua regência. É uma lei exata, perfeita; mantém o equilíbrio nesse nível. Na humanidade, governa sobretudo os que não despertaram para o mundo espiritual, abrange toda a sua existência externa. O grau de envolvimento com o mundo concreto, a força dos laços criados com ele, é o que indicará quanto esse aspecto material da Lei do Equilíbrio estará predominando na determinação do curso de sua vida.

A lei do carma exprime-se na Terra de maneira específica, tomando quase sempre caráter negativo porque o ser humano, valendo-se do livre-arbítrio, costuma fazer escolhas considerando em especial suas próprias necessidades e desejos individuais. Em raros casos tem em vista a necessidade geral ou algum aspecto do plano evolutivo. Devido a isso, cria mais débitos que créditos cármicos e pouco equilibra esse estado de desarmonia, pois não é neutro a ponto de não continuar formando vínculos.

Para o homem comum, a lei do carma é instrumento de purificação e a "escola" em que aprende a usar o livre-arbítrio. Era necessário um instrumento assim, preciso e de certo modo infalível, que pudesse acuradamente proporcionar o retorno de suas ações, em geral contrárias aos ritmos superiores do cosmos.

Enquanto o ser humano tenta às cegas construir sua existência terrena, a lei do carma o acompanha como um mestre de infinita sabedoria; enquanto devasta áreas do planeta em proveito próprio e inconscientemente se lança ao prazer e ao deleite, a dor e o sofrimento — agentes da lei do carma — são os meios mais adequados para o seu ensinamento. Esse método sensitivo esteve sendo aplicado para a sua evolução desde os primórdios, e dele faz parte o caráter compulsório do nascimento e da morte física, pois uma só encarnação não seria suficiente para equilibrar tantas ações pouco sábias.

Mas, enquanto essa lei tem como campo de atuação básico o nível mental, o emocional e o etérico-físico da existência, a lei evolutiva superior atua no nível intuitivo e no espiritual, e formas ainda mais puras da Lei do Equilíbrio atuam no nível monádico e no divino.

Níveis de consciência	Corpos e núcleos do ser	Lei atuante
1 — Divino	Regente monádico	Aspectos mais puros da Lei do Equilíbrio
2 — Monádico	Mônada	
3 — Espiritual	Corpo de luz	Lei evolutiva superior
4 — Intuitivo	Alma	
5 — Mental	Corpo mental concreto e corpo mental abstrato	Lei do carma
6 — Astral	Corpo astral (ou emocional)	
7 — Etérico-físico	Corpo etérico-físico	

Sob a lei do carma, o indivíduo crê estar separado do universo, e assim vive constantemente processos "próprios", ou adapta-se a processos que são de outros. Isso se dá pelos vários vínculos e envolvimentos que ele vai criando: juntando-se a algo ou a alguém, passa a compartilhar o carma do objeto de seu apego.

Sob a lei evolutiva superior, porém, os seres seguem movimentos universais ordenados e cíclicos, movimentos inseridos na evolução de grupos de almas, sem dar-se mais a experiências repetitivas, típicas dos que estão na superfície da vida, simbolicamente representada pela existência na superfície de um planeta material. De fato, a face de um planeta corresponde à consciência mais superficial daquele astro, que no entanto abriga em sua órbita uma vida suprafísica, correspondente à sua consciência mais profunda, à sua essência imperecível.

Em alguns detalhes a lei do carma é flexível, e sempre que possível o destino apresenta ao ser tarefas altruístas, que não têm em mira apenas o lado concreto da vida. Essa oportunidade de desenvolvimento além do plano material, tão necessária para um indivíduo quanto para a humanidade inteira, permite um dos passos mais importantes para a libertação — o desinteresse pelos resultados da própria ação, o desapego, a plena doação de si — e nos tempos presentes tem amplas e especiais repercussões.

Segundo dissemos no livro *Niskalkat* *, a vida sobre

---

* Editora Pensamento, São Paulo.

a Terra deve pulsar cristalina e manifestar um dos padrões vibratórios custodiados pelo arquétipo solar*. Essência e forma devem unificar-se, sendo o homem o elo para essa unificação.

A dor, presente na vida humana devido à trama cármica que deve ser equilibrada, não mais turvará os olhos dos que se entregarem a essa essência. Tampouco a obscuridade o fará, pois eles se tornarão um foco de luz resplandecente a prenunciar os novos tempos.

A Terra transforma-se com rapidez, e a ação das forças de purificação se intensificará. Os que assumiram o compromisso de colaborar para essa transformação evolutiva descobrem em si a alegria de servir e de doar-se. O desapego encontra neles campo fecundo, pois aprendem que a forma é efêmera e a essência, incorruptível.

---

* **Arquétipo solar**. Estrutura energética que guarda os padrões de perfeição a serem expressos neste sistema solar.

Parte II

O CARMA NA VIDA DO SER HUMANO

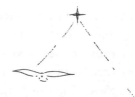

O ensinamento do carma

Sabe-se que na Terra sempre houve violência e massacre de inocentes, bem como a exploração não só de membros do próprio reino humano, mas também do reino animal, do vegetal e do mineral.

Como ciclos de ações desequilibradas e ciclos de impacto das conseqüências geradas por elas até agora foram alternando-se sem se resolver, o jogo do carma se perpetua e o homem custa a dar-se conta de que um reto viver, com renúncia ao desejo, é o caminho direto para a libertação. Nesse ponto Buda foi bastante explícito, mas através dos séculos seus ensinamentos pouco repercutiram no dia-a-dia da maioria das pessoas, embora estejam vivos em seu mundo interno.

Enquanto os seres humanos compreendem os fatos com base em suas crenças ou agem segundo seu conhecimento pessoal, permanecem circunscritos ao retorno das ações que praticam, à necessidade de equilibrá-las, à lei do carma, enfim. Baseados em propósitos individuais ou egoístas, seus atos pouco conseguem contribuir para o bem do Todo e demandam sempre reações neutralizadoras, que podem vir por intermédio de outros seres ou da natureza. Essas reações podem ser purificadoras, pois desmantelam estruturas doentias de indivíduos, de grupos ou mesmo de povos e civilizações inteiras. Contudo, se estiverem imbuídas de forças humanas, provocarão novas reações. E assim surgem e se propagam as complicações cármicas desta humanidade.

Porém, muito pode ser feito por aqueles que já estão conscientes da necessidade de uma mudança nesse padrão vicioso. Um novo estado poderá implantar-se neles e contribuir para a transformação da face da Terra, à medida que forem entrando nos ritmos da lei evolutiva superior; mas é preciso, antes de mais nada, aprenderem a se comportar sob a regência da lei do carma.

Estamos continuamente criando carma — positivo ou negativo — e transformando-o, ou dele nos liberando, segundo nossas atitudes. O trabalho com o carma, por conseguinte, deve ser feito durante toda a nossa estada na Terra.

Todo indivíduo tem um carma básico, de que faz parte a data do nascimento e a da morte, encontros e acontecimentos importantes durante a encarnação, a ausência ou a presença de doenças congênitas, acidentes graves e outras ocorrências marcantes. A partir do carma básico, que preexiste ao próprio nascimento físico, o indivíduo vai construindo a trama da própria vida e, como conseqüência, tornando sua trajetória mais árdua ou mais fácil. O carma básico deve ser, em princípio, totalmente aceito; só depois dessa aceitação é possível melhorá-lo.

No aprendizado que a lei do carma oferece, as dádivas são também provas: é preciso saber usar com correção os dons e bens que nos são entregues pela vida. Quando desperdiçamos os recursos de que dispomos, sejam eles materiais, sejam intelectuais, sejam espirituais, geramos carma restritivo, o que redunda em escassez desses recursos na mesma vida ou numa futura, em prejuízo das tarefas que nos cabem.

Como tudo está incluído numa Consciência Única, fonte de toda manifestação, não há detalhe que não deva ser considerado na busca do equilíbrio e da harmonia. Tudo o que nos cerca e tudo o que somos precisa converter-se em instrumento de serviço e ser utilizado de maneira adequada. Nesse sentido, a água, a eletricidade, o alimento, o dinheiro, o transporte, o labor, o sono, a palavra, o sentimento e o pensamento deixam de nos pertencer e passam a ser vistos pelo que na verdade são: expressões dessa consciência onipotente.

Os débitos cármicos são criados pelo ser humano por ele aparentemente desligar-se da Consciência Única e identificar-se com as suas partes e com a temporalidade. Em princípio, a maioria das pessoas não tem sido libertada do condicionamento terrestre pela lei do carma devido a seu despreparo em lidar com duas forças antagônicas à evolução: a força do desejo pelo supérfluo e a da ilusão de que o nível físico é a realidade única ou a mais importante. Só com a neutralização dessas forças a vida pode ser menos restringida pelo carma e tornar-se, em conseqüência, mais livre.

A certa altura, o ser interior desencarna. Precisa estar ciclicamente fora do mundo material para fazer suas sínteses e preparar condições futuras mais favoráveis, conforme permitir o carma tecido pelo ego durante a estada na Terra. Entre essas condições está a constituição de corpos mais adequados às novas situações em que irá atuar.

É sobretudo entre um nascimento e outro que o indivíduo interno e imortal revê seus atos, sentimentos e pensamentos pregressos e se propõe, caso já seja medianamente evoluído, a equilibrar as desarmonias provocadas na encarnação recém-terminada. Toma decisões que, contudo, se mantêm claras apenas enquanto ele está fora dos corpos terrenos.

Com a reencarnação, os novos veículos — o etérico-físico, o emocional e o mental — quase não têm memória consciente do que se passou nas vidas anteriores, nem das decisões tomadas além da esfera material. É no *corpo da alma*, que não é denso como os demais, que está registrado de maneira lúcida esse novo impulso e clareza de propósitos. Na maioria dos casos, o indivíduo ao reencarnar não tem noção do que realmente veio fazer na Terra. Isso pode ser notado pela vacilação que se apodera de muitos diante dos rumos a tomar na vida.

É assim que oportunidades de equilibrar faltas passadas são pouco reconhecidas, sobretudo porque não costumam condizer com as aspirações humanas e superficiais da pessoa, influenciada que está tanto pela hereditariedade como pelo meio ambiente. Situações em que deveria prestar serviço aos demais e ter compreensão (e não rejeição) pelas fraquezas alheias não são bem aceitas por ela. Encaradas como incômodas, deixam de constituir possibilidade de crescimento de consciência e posterior liberação.

Esse desconhecimento das decisões evolutivas tomadas entre uma encarnação e outra vai-se dissolvendo quando a alma, amadurecida, guia a personalidade, iluminando-a com sabedoria e compaixão. Sempre que um contato com a alma é estabelecido, a possibilidade de essa luz chegar à consciência externa faz-se notar, e é cada vez maior quando da parte dessa consciência externa há empenho e receptividade.

No mito dos Trabalhos de Hércules há um episódio em que o herói salva uma jovem que estava para ser devorada por um monstro e, com isso, equilibra sua ação anterior de ter tirado a vida de uma rainha*. Nesse episódio há claros ensinamentos sobre a lei do carma. Hércules matara quem o acolhera bem e, depois, salvou alguém que precisava de liberdade. Amadurecido para compreender melhor o caminho da vida e o da morte, que no fundo são um só apesar de terem nomes diferentes, o herói daí por diante ficou mais preparado para novas tarefas.

---

* Vide capítulo "Apoderando-se do cinto da união", no livro *Hora de Crescer Interiormente* (O *Mito de Hércules Hoje*), do mesmo autor, Editora Pensamento e Círculo do Livro, São Paulo.

O mito dos Trabalhos de Hércules constitui um itinerário para os que percebem a importância de superar a lei do carma e de se desvincular da roda interminável de renascimentos na superfície da Terra.

Esse específico trabalho mostra que, como cada um de nossos atos ecoa infinitamente, movendo vibrações em todos os níveis de consciência, ações beneméritas equilibram ações anteriores desarmoniosas e dissolvem o carma engendrado. Ressalta, ademais, que saldando dívidas cármicas abrandamos o antagonismo inato no ser humano. À medida que o carma é equilibrado em um ser, seus aspectos masculinos e seus aspectos femininos também se equilibram, e assim não há grandes dificuldades para sua evolução superior.

Há certos procedimentos básicos que, se incorporados na vida das pessoas, facilitam a dissolução da trama cármica que as prende aos ciclos reencarnatórios. Alguns deles são o cultivo da inofensividade e da compaixão.

É raro alguém lembrar que uma atitude agressiva quase sempre nasce da insegurança. Quem agride em geral o faz por sentir uma ameaça a seus valores pessoais, e só o amor e a neutralidade, nunca uma nova agressão, conseguem fazer com que se transcendam esses estados de ânimo. Um grau suficiente de autocontrole para não se deixar levar por conflitos e uma conduta embasada no amor fraterno rompem a teia do carma negativo, pois com isso não se é agente da reação gerada pela ação conflituosa.

Para estar nessa atitude, é preciso ter uma aspiração verdadeira pelo crescimento de todos, para não provocar ressentimentos e para não lidar com a desarmonia criando mais desarmonias. A certeza de que dentro de todos mora a luz e a bondade nos dá condições de confiar na capacidade dos demais e de ter atitudes pacíficas. O convívio humano pode tornar-se então fraterno algum dia, sem os vínculos e sem as mágoas que as experiências negativas invariavelmente deixam.

Quem se empenha em evoluir deve aprender a ter paciência e a aprofundar seu sentido de observação. Em certas fases da vida pode acontecer de a pessoa pensar que não está progredindo ou que nada de promissor lhe está sucedendo, embora esteja trabalhando para isso. Entretanto, não é bem essa a realidade. Pelo fato de dedicar-se com seriedade à evolução e de estar por isso sendo intensamente transformada, muitos eventos previstos no seu destino básico podem ser suavizados ou deixar de ocorrer. A data de desencarnação pode ser posposta, doenças podem ser amenizadas e desastres podem ser suspensos ou terem seus efeitos reduzidos graças ao recente desenvolvimento de qualidades superiores no seu ser. Isso porque, ao nos tornarmos mais úteis, novos elementos e condições — que incluem o suprimento de necessidades mais amplas que as individuais — começam a fazer parte da nossa vida.

Na verdade, prestamos muita atenção ao que acontece conosco de negativo, mas não sabemos os males e problemas que deixamos de experimentar por termos feito o trabalho consciente com o carma. Uma senhora que conheci, por exemplo, estava fadada a ter uma das mais dolorosas formas de câncer, e cumpriu o destino de passar por tal enfermidade sem a mínima dor física. Todavia, entre o momento em que seu eu interno decidiu por esse modo de purificação e o momento em que o câncer deveria manifestar-se, essa senhora praticou muitos atos benéficos e conscientizou-se de leis espirituais às quais antes não se havia dedicado; assim, o processo pelo qual deveria passar foi amenizado ao ponto de o final da sua encarnação ser bastante tranqüilo.

Conforme já dissemos, grandes mudanças começam a ocorrer quando de fato nos entregamos a um nível de existência mais elevado. Com a expansão do nosso estado de consciência, entramos em um carma mais geral e passamos a ser regidos por um destino que é a interação de vários destinos maiores. No que sucede conosco não prepondera o nosso carma, mas essa interação, onde se incluem o carma de grupos, o do país e, eventualmente, o do planeta. Nossa vida se integra em forças mais potentes, saímos do âmbito das limitações pessoais.

Sei de indivíduos que viviam com grandes restrições materiais e as tiveram resolvidas ao ingressarem abnegadamente no caminho espiritual e prestarem serviço com um grupo altruísta; sei de outros que ficaram liberados de laços cármicos pessoais para servir em âmbitos maiores, como, por exemplo, o de um país e o do planeta. Pessoas que se mantinham limitadas por deveres básicos e circunscritas ao âmbito familiar vêem-se de repente nesses processos de transformação, livres para dedicar seu tempo e energia a causas universais. Não se quer negar o valor do dever cumprido em todos os círculos, até mesmo os mais restritos e pessoais, mas contas cármicas podem ser remanejadas e novos fatores e elementos podem surgir para suprir a falta de pessoas que antes eram imprescindíveis em dados ambientes, deixando-as disponíveis para tarefas maiores.

É importantíssimo notar o valor da cooperação. Um serviço universal não é realizado por um só indivíduo, mas por um grupo, ou por vários grupos. Tais serviços dependem da participação de seres mais evoluídos do que a média da humanidade, seres que podem ou não estar encarnados.

Os mais belos casos de comunhão espiritual de seres superiores com os homens da superfície da Terra dãose em razão do carma positivo gerado por algum trabalho benéfico que tenham feito em cooperação noutros tempos, em encarnações em que estiveram juntos.

Um ato de cooperação é, pois, valioso para toda a eternidade e por isso é sempre bom aperfeiçoar-nos nesse sentido. Um modo de fazê-lo é dispormo-nos a desempenhar nossas tarefas o melhor possível, seja quando estamos sós, seja acompanhados. É claro que não podemos saber, só com a percepção humana, o que de fato é melhor; mas podemos, isso sim, desejar sabê-lo, o que já produz profundo efeito positivo.

A partir do momento que tomamos conhecimento da lei do carma e procuramos equilibrar as ações passadas, as transformações acontecem mais ou menos rapidamente e com maior ou menor evidência. Dependendo da intensidade da nossa aspiração, é possível que a graça e a misericórdia de níveis mais elevados da consciência sejam atraídas. As palavras do *Bhagavad-Gîta*, ditas pelo ser interior, asseguram que uma decisão fundamental e sintética leva à libertação:

"Dedica todas as tuas ações a Mim.
Então, prossegue e luta.

"A ação não me contamina.
Não tenho desejo pelos frutos da ação.
Um homem que compreende
minha natureza a esse respeito,
nunca se torna escravo da própria atividade."

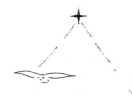

As ligações familiares no jogo cármico

Em um grupo familiar entram em jogo significativas ligações cármicas. As circunstâncias que uma alma encontra nesse âmbito podem tornar-se para ela fatores de crescimento ou empecilhos. Por isso, um passo importante que a alma dá em seu desenvolvimento é o de adquirir condições de antes de encarnar participar da definição do seu grupo familiar. Tal possibilidade de participação consciente no preparo e composição desse ambiente depende do grau evolutivo por ela alcançado.

As almas pouco evoluídas não escolhem o grupo familiar em que encarnam; como têm sede de experiências na matéria, são atraídas pelos laços emocionais e mentais que tenham com algum casal. Mas as de média evolução podem, dentro de certos limites, prever o grupo familiar de que participarão e até preparar-se nos planos internos para vir compô-lo no plano físico.

As almas que possuem a faculdade de escolher o grupo familiar nem sempre optam pelo convívio com pessoas com quem terão relacionamento fraterno, amistoso e alegre. Já adquiriram alguma maturidade e buscam saldar débitos com o mundo material e com esse grupo para integrar-se, depois, em relacionamentos universais. Organizam a encarnação de modo a avançar no caminho da liberdade e sabem que para isso precisarão superar dificuldades de muitos gêneros, em especial as criadas com outros seres no passado. Há, pois, encarnações deliberadamente preparadas para tais purgações.

De qualquer modo — tendo ou não a possibilidade de escolher o grupo familiar —, o ser encarnante sempre é inserido no melhor ambiente que a lei do carma lhe possa dispor para a evolução. Se toma consciência disso, passa a aceitar e a compreender situações familiares conflituosas e fica apto a resolvê-las ou a fazer delas estímulo ao próprio aperfeiçoamento e ao dos demais. Mas, sem o exercício do amor-sabedoria e da compaixão, os laços tornam-se cada vez mais fortes e tensos, retendo o ser em estados de desarmonia que determinam etapas seguintes ainda mais obscuras e frustrantes.

O vínculo cármico entre pais e filhos reflete-se diretamente no seu processo evolutivo. Se o ser humano fosse mais receptivo às leis espirituais, seguiria a sábia orientação que vem delas e reconheceria que apenas uma mínima parcela da humanidade deve procriar. No entanto, não é isso o que acontece, e considerável número de seres vêm ao mundo despreparados, atraídos pelo denso magnetismo dos contatos sexuais entre pessoas que não estão prontas para educar outras e apoiar seu crescimento.

Nos tempos presentes, o processo de encarnação de uma alma apresenta algumas peculiaridades. Cada vez mais esse processo se desorganiza devido à promiscuidade sexual generalizada, ao número crescente de abortos provocados e à grande quantidade de pessoas que procriam sem querer. Nos planos internos da vida deixou de haver o ritual dos nascimentos.

Enquanto até há algum tempo os nascimentos eram organizados levando-se em conta grupos de almas que deviam estar juntas por várias afinidades, hoje esse escalonamento equilibrado já não é possível na maioria dos casos. São tantas as oportunidades de fecundação (incluindo as artificiais), que ficou impraticável manter nos planos internos da existência uma alma pouco evoluída sem interferir no seu livre-arbítrio, já que as portas do mundo material lhe são abertas pelo ato promíscuo e ela é naturalmente atraída pela extrema densidade em que se vive nesse mundo.

A procriação em condições contrárias ao progresso espiritual pode, em certos casos, tornar mais lenta a evolução do ser que encarna e também a dos pais por toda uma vida. Nesses casos o nascimento está comprometido desde suas bases, e a energia espiritual encontra obstáculos para vitalizar os corpos que receberão a alma encarnante; nos pais, essa energia interna recolhe-se ainda mais. Daí tanta incompreensão e aridez durante os anos de convívio, tanta miséria e abandono.

Grande número de seres poderia passar por curas enquanto desencarnados, e pesado carma é gerado pelos casais que os trazem prematuramente ao mundo material, despreparados. Tal carma pode repercutir, por exemplo, em esses pais nada mais conseguirem desenvolver de maneira adequada daí por diante.

A falta de consciência em relação à procriação, a herança genética familiar e o carma engendrado em centenas de encarnações são fardos que em determinado momento se tornam pesados demais. A vontade e a aspiração pessoais nem sempre podem aliviar tal carga, e há casos em que nem mesmo a energia do ser interno tem condições de removê-la de todo. É que, de certo modo, o ser interior também tem de seguir os ditames da lei do carma em tudo o que se refere aos níveis externos. Assim, só auxílios superiores, transcendentes, podem mudar algumas situações.

Mas, em que pese estarmos em tempos de tanta desordem, nunca esses auxílios estiveram tão disponíveis. Isso se deve a que, como veremos logo adiante, se preparam agora na Terra profundas transformações que virão à tona em plenitude em tempos vindouros, mas que já se anunciam.

Os auxílios vêm quando a pessoa decide de fato mudar de atitude e não mais deixar-se levar por experiências que, embora pareçam sem importância e passageiras, podem trazer desequilíbrios para o resto da vida. Além disso, os auxílios vêm quando a fé é depositada na realidade suprafísica, e não só em aptidões pessoais. Enquanto a pessoa se apoia apenas em seu potencial humano e sobretudo enquanto segue sua própria forma de resolver os problemas, não está na verdade aberta à ação da graça — ação que a tudo é capaz de transformar.

Sendo baseada em leis supra-humanas, a graça pode remover obstáculos normalmente intransponíveis à ascensão não só de um ser, mas de um grupo, de um reino da natureza ou de esferas de vida ainda mais abrangentes. As conseqüências de sua atuação são imprevisíveis: cura, transforma e conduz a consciência a patamares de outra forma inacessíveis. A ação da graça pode mudar as pessoas, pode despertá-las para realidades até então impensadas.

Muitas das atuais dificuldades de relacionamento familiar são fruto do mau uso do potencial criativo do ser humano. Hoje a maior parte do seu manancial de energia é canalizada para a prática do sexo — a expressão mais densa da criatividade.

Contudo, se a pessoa desperta para atividades criativas superiores, vai entrando em equilíbrio e sua vida afetiva por fim se asserena; com maior facilidade, então, ela se integra em obras mais sutis, obras universais em benefício dos semelhantes. É que a elevação da energia criativa a torna forte para não se envolver demais no costumeiro jogo de interesses emocionais e mentais do cotidiano.

É bom ressaltar que a busca de um uso correto da

energia criativa não precisa ter conotação repressiva. A determinada altura de sua evolução a alma deixa de vitalizar as ações da personalidade no campo dos relacionamentos, e aí essa conscientização é espontânea, natural, pois reflete um amadurecimento interior. O impulso sexual é pacificado e os impulsos espirituais são acolhidos de forma mais imediata.

Essa transformação na verdade nunca se limita ao âmbito individual; toca outros seres que, do mesmo modo, podem começar a aprimorar sua manifestação criativa.

A propósito de relacionamento no grupo familiar, tenhamos em conta algumas condutas que facilitam o convívio sem reforçar os laços cármicos:

◊ considerar que um ambiente familiar adverso pode ser propício para saldar débitos cármicos recentes ou até bem antigos;

◊ ser responsável e cuidadoso com os familiares tanto quanto com as demais criaturas, evitando afetos especiais e apegos aprisionadores que os hábitos e a cultura tradicional estimulam;

◊ não acirrar conflitos que advenham do fato de os membros da família terem diferentes interesses ou caminhos, o que é comum na desordem dos tempos atuais.

Como grande parte das famílias se compõe como escola de aperfeiçoamento e oportunidade de purgação, é provável que, se um de seus integrantes agir de forma inusitada e fora dos padrões da maioria, irrite os demais e provoque seu antagonismo. Nesses casos a imparcialidade, a neutralidade, é para ser por ele evocada e desenvolvida. Assim terá mais facilidade de evitar conflitos, e o legítimo espírito fraterno (e não o envolvimento emocional e mental) poderá prevalecer e exprimir-se de modo cada vez mais universal.

Vínculos familiares não são necessariamente limitantes, mas é raro não serem. Um dos poucos exemplos que se conhece em que os membros de uma família se ajudaram uns aos outros despojados da necessidade de experiências humanas foi o de Teresinha de Lisieux. Os pais de Teresinha, que possuíam profundas aspirações espirituais, tiveram nove filhos, dos quais apenas cinco, mulheres, sobreviveram; todas elas aderiram à vida monástica. Pelas características que os integrantes daquela família, sem exceção, apresentavam, vê-se que eram um grupo de almas dedicadas mais à expressão de energias supra-humanas que à satisfação de desejos ou à realização de projetos de ordem pessoal, material e externa.

Geralmente falta aos lares a qualidade energética requerida para que as almas se sirvam deles como campo de evolução superior. Mesmo nos que ainda conseguem manter-se organizados, costuma-se cuidar tão-só da evolução material e da manutenção de padrões estabelecidos pela sociedade, frustrantes para as almas. Assim, as que têm de realizar obras universais e abrangentes no plano físico necessitam do contato ou do convívio com núcleos destituídos de laços familiares, onde lhes é dada a oportunidade de diluir afinidades restritas ao parentesco e liberar-se de apegos.

Estava previsto que tais núcleos se formassem em grande número na superfície da Terra por grupos com metas espirituais e uma vida de serviço em comum, como já existem em níveis de existência internos. Mas são raríssimas as oportunidades de encontrá-los no plano material. E as almas com necessidade profunda de instrução têm sido atraídas para os núcleos internos, suprafísicos.

Nesta etapa da evolução do planeta, pode-se tomar consciência dos contatos realizados nos níveis internos. Em nosso livro *Contatos com um Monastério Intraterreno*[*] descrevemos vivências subjetivas importantes experimentadas concomitantemente com a vida externa e humana. São vivências ainda raras, mas não impossíveis.

O que se passa nesses núcleos de modo geral difere muito de um convívio familiar comum. É que a família tem estimulado as facetas egoístas dos seus membros: apóia o caminho de realização pessoal e enaltece o amor-próprio; alimenta certa obrigatoriedade de convívio, muitas vezes não confessada, em especial entre pais e filhos. Tolhe, assim, em muitos casos, a liberdade tão necessária de as pessoas tomarem os rumos a que estavam destinadas.

Em termos ideais, a instituição familiar deveria de-

---

[*] Editora Pensamento, São Paulo.

sempenhar o papel de primeiro instrutor do ser que nela encarnasse, preparando-o para encontrar a própria regência interna e para reconhecer a parte que lhe cabe no progresso do mundo. Todavia, de maneira geral ela é inapta para cumprir tal papel, e o ser encarnante encontra mais obstáculos que facilidades para perceber realidades universais no campo afetivo e no espiritual. Atualmente, quando as instituições criadas para ajudar os seres inexperientes desmoronam (como a família, as religiões, o estado e outras), é preciso ter verdadeira necessidade de chegar à vida espiritual para empreender tal busca por si mesmo e com o mínimo de apoios.

A família, como instituição, está carregando pesado carma, difícil de resolver se os que a integram permanecem no nível dos laços de afinidade ou de rejeição. Uma parte dos atuais problemas de relacionamento em família deve-se a isso; deve-se, também, ao fato de como grupo social ter perdido o sentido para muitos.

No entanto, grandes e radicais transformações são esperadas. A situação que no presente se vê, ao que parece sem esperança, será modificada com o surgimento de uma nova forma de convívio, que refletirá a interação entre almas e não se baseará em afinidades ou rejeições puramente humanas. Também outras significativas mudanças se efetivarão na constituição mesma do ser humano num próximo ciclo do mundo, como veremos mais adiante.

A resolução adequada dos problemas de relacionamento entre pessoas tem amplas repercussões: influi até mesmo no desenvolvimento planetário. Se o planeta tem hoje o papel de acolher em sua órbita tantos seres que necessitam de cura e de harmonização, e o papel de destilar e transformar as impurezas que circulam no sistema solar, em época vindoura terá, sem dúvida, outras atribuições. Como os frutos do amanhã advêm de sementes lançadas no presente, novas formas de convivência ainda não manifestadas, se acolhidas, podem pouco a pouco ganhar vida.

A Evolução reserva para a humanidade terrestre modos de existência ainda desconhecidos. Já foi dito que, no futuro, criaturas nascerão sem precisar de pais. Segundo a Iniciada H. P. Blavatsky[*], essa forma de geração se implantará primeiro nos animais e depois se estenderá à espécie humana; "as mulheres terão filhos sem prévia fecundação", e nos ciclos finais do planeta, ainda distantes, "aparecerão indivíduos capazes de reproduzir-se por si sós".

No livro *A Quinta Raça*[**], apresentamos algumas perspectivas sobre o modo como se dará continuidade à espécie humana num ciclo futuro, quando a constituição da Terra for mais sutil: a criança não nascerá por via uterina; o período de gravidez será de três meses e não decorrerá no ventre da mãe, mas sim no seu etérico plexo cósmico; o organismo tratará de simplificar suas funções.

---

[*] *A Doutrina Secreta*, Volume VI, Editora Pensamento, São Paulo.

[**] De Trigueirinho, Editora Pensamento, São Paulo.

Assim como ocorre hoje com o apêndice ileocecal, no futuro os órgãos de reprodução e certas glândulas seguirão o caminho de gradual extinção. Alguns sinais de transformações profundas são evidentes, embora a ciência os explique com evasivas. Na verdade, há países em que se nota uma crescente quantidade de jovens estéreis e, embora se apresentem várias hipóteses sobre as razões desse fenômeno, elas apenas encobrem uma realidade de fato inexplicável para os padrões científicos normais.

O modo como a reprodução se processa em uma civilização material depende das leis evolutivas sob as quais ela se encontra. Nos mundos intraterrenos e nos extraterrestres avançados não há reprodução sexuada porque esses mundos são feitos de material mais sutil. Na humanidade da superfície da Terra, todavia, a reprodução sexuada foi o meio proporcionado pela natureza a partir de certa fase. Contudo, não foi compreendido nem usado corretamente pelo ser humano. Mesmo entre os que procuravam guiar-se por preceitos elevados, muitos compreenderam de forma errônea uma expressão bíblica que, segundo traduções e interpretações duvidosas, afirma que deveriam crescer e multiplicar-se. Nisso encontraram justificativa para deixarem-se levar pelo desejo. Tal conceito bíblico, no entanto, referia-se a ampliações de consciência e não à proliferação descontrolada da espécie, como veio a acontecer.

O crescimento populacional mais quantitativo que qualitativo é um dos principais motivos do caos instalado na Terra. Embora já tenha acontecido de seres virem à encarnação conscientes das obras que lhes cabia realizar em benefício do mundo, isso é muito raro. Em casos como esses, de haver uma tarefa maior a cumprir, a alma usa a vontade espiritual e cria uma forma-pensamento* forte o suficiente para contatar os que lhe servirão de pais no plano físico. Entretanto, mesmo nessas situações, utiliza-se o que Sri Aurobindo chamou de "métodos grosseiros da natureza física" para trazê-los à vida concreta.

No próximo ciclo da Terra, a continuação da espécie humana não envolverá forças sexuais e cópula, mas tão-só a vontade espiritual e as energias que a completam. A lei do nascimento continuará a existir para alguns, porém a vinda de um ser humano ao plano material se tornará possível por uma interação interna, em níveis suprafísicos. Ainda nesses níveis abstratos, o próprio ser encarnante reunirá a substância para seus corpos terrestres, e a energia etérica dos pais auxiliará sua materialização. O processo de gestação vigente na presente etapa será, pois, transcendido.

---

* **Forma-pensamento**. Aglomerado de energias e forças gerado pelo poder intrínseco ao pensamento. Sua qualidade varia de acordo com o impulso que lhe deu origem. As formas-pensamentos permanecem ativas por determinado período e podem ser vitalizadas ou desvitalizadas, conforme o grau de adesão que as pessoas têm a elas.

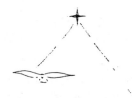

Reequilíbrio e cura por meio do carma

De um ponto de vista amplo, tudo o que existe cumpre uma função no plano evolutivo dos universos. Segundo esse plano, também as enfermidades acontecem devido a uma necessidade de ordem na vida e são motivo para aperfeiçoamento das criaturas que as sofrem e para o equilíbrio de seu carma negativo.

Quando o ser já é consciente em nível de alma, antes de encarnar ele vê a sua meta evolutiva e, com base nesse conhecimento, programa situações que proporcionarão os necessários desenvolvimentos no decorrer da vida a ser iniciada sobre a Terra. Como esse programa é traçado com a ajuda da alma e apoiado nas forças que pela lei do carma estarão disponíveis, sempre leva em conta o grau de vigor da pessoa. Por isso nunca acontece de uma enfermidade programada ser maior que a capacidade de suportá-la.

É o fato de não aceitar a enfermidade e de reagir contra ela que a torna pesada ou demasiado forte. Isso é assim até mesmo no que se refere à dor física.

Quando uma enfermidade programada antes do nascimento físico se manifesta, a pessoa vê-se na contingência de encontrar em si forças para transcender o estado doentio, forças que de outro modo ela não desenvolveria. Não seriam, porém, empregadas para lutar contra a doença, mas para encará-la como situação reequilibradora, para estar diante dela de forma inteligente e cooperante.

Alguém que tenha furtado, por exemplo, pode contrair uma enfermidade mais ou menos crônica nas mãos; o esforço para tratá-la ou para conviver pacientemente com ela é capaz de produzir, no cômputo geral das energias do seu ser, uma compensação com respeito à ação praticada no passado.

Para mitigar dores ou para suportar incômodos, a pessoa tem de apelar, de modo especial, para as energias que vêm de dentro de si mesma. É como se as enfermidades apressassem o despertar de uma nova compreensão e, em conseqüência, a aquisição de novos hábitos.

Assim, se ao passarmos por uma enfermidade soubermos crescer por meio dela, adquiriremos forças além das que tínhamos e que, então, serão usadas para o desenvolvimento almejado pelo nosso eu interno. Às vezes esse fortalecimento pode ocorrer na mesma encarnação em que surgiu a enfermidade, ou seja, o novo potencial pode emergir a curto prazo; outras vezes, somos preparados por experiências mais ou menos longas, e os resultados só vão manifestar-se numa vida futura.

Há também casos em que as pessoas com propensão a tomar rumos equivocados manifestam antecipadamente enfermidades a fim de serem evitadas opções contrárias às determinações de sua alma. Uma pessoa apta e destinada a viver em castidade e que não esteja disposta a assumi-la pode, por exemplo, ter problemas nos órgãos genitais, congênitos ou adquiridos na presente encarnação, que venham a limitá-la em suas práticas sexuais.

Segundo a sabedoria antiga, a primeira das funções do sofrimento é preparar o corpo para ser menos suscetível a desequilíbrios. Pela ação de uma dor, resíduos de antigos comportamentos desarmoniosos são eliminados das células e, ao mesmo tempo, gravam-se nelas impressões que levarão o ser a evitar envolvimento com circunstâncias negativas análogas.

Muito pode ser equilibrado pelas provações e incômodos no campo da saúde, mas nem sempre o resultado benéfico desse equilíbrio aparece na mesma encarnação em que foram vividos. Em alguns casos o impulso positivo só é aplicado na encarnação seguinte: o novo corpo se apresenta então sadio naquela parte purificada na vida anterior.

Entre as várias experiências que se pode ter com as doenças, há algumas especialmente elucidativas. Por exemplo, o hábito de encerrar-se de maneira egoísta em si mesmo e de não se comunicar o suficiente com o mundo exterior e com os semelhantes pode ser equilibrado pelo sarampo, às vezes contraído até em idade física avançada. Contudo, o mais comum é que essa e outras doenças surjam logo nos primeiros anos para liberar a pessoa o quanto antes de alguns desequilíbrios básicos da vida anterior. Por meio de certas doenças infantis, são retiradas da nova personalidade tendências consideradas pelo eu interior indesejáveis e desatualizadas. Por outro lado, elementos hereditários que ele não quer aceitar ou aos quais não pode adaptar-se por não servirem aos seus propósitos são expulsos sobretudo pela ação das febres.

Enquanto uma febre queima as substâncias inadequadas presentes nos novos corpos, tanto no físico como nos sutis, a pessoa é ajudada a superar a inclinação de desejar coisas materiais e supérfluas e a dissolver algumas ilusões com a forma física, com o sentimento e com o pensamento. As "realidades" desses níveis mais concretos da existência nada são em vista da realidade de que o eu interior começa a tornar-se lúcido. Não fossem tais recursos, como faria ele para, dentro de uma personalidade renitente, ainda inconsciente de fatos mais amplos, remover inutilidades e sanar desarmonias?

Quando se trata de transformar um passado caído no esquecimento, mas depositado nas camadas profundas do subconsciente, vêm as neuroses, as neurastenias e alguns casos de histeria: formas que a natureza encontra para dissolver no homem os resquícios indefiníveis do que não lhe é mais útil. Há, porém, acontecimentos que vão ficando no chamado "arquivo cármico", pois nem sempre experiências purificadoras ou harmonizadoras podem ser previstas em grande número para a mesma encarnação. Os efeitos desses acontecimentos vão sendo compensados no decorrer das vidas, o que pode não se tornar um processo longo se a cada passagem pela Terra o ser adota condutas evolutivas e elevadas, procura evitar novas causas de desequilíbrio ou compensa com atos positivos esse passado negativo.

Embora seja possível crescer em consciência enquanto desencarnado, débitos cármicos feitos no mundo material normalmente só podem ser saldados nesse mesmo mundo. Isso é assim devido à necessidade de as partículas materiais viverem ações contrárias às de que antes participaram. Por isso, ajustes cármicos em geral se realizam no transcurso da vida física, e as enfermidades são instrumentos eficazes para essas transformações.

Com relação às doenças do corpo emocional sobretudo, pode-se dizer que há várias maneiras de tratar o ser humano. Uma delas, desatualizada para quem adere ao caminho espiritual, é fazê-lo reencontrar núcleos não resolvidos em seu passado, desentranhando-os durante uma análise psicológica. Quando a pessoa tem capacidade de elaboração inteligente, tal procedimento pode ser em parte libertador, mas é muito raro resolver os impasses e leva anos para efetuar o que uma cura interior faria em poucos momentos.

Essa reconstrução exaustiva dos fatos passados ainda é o método mais usado na psicologia tradicional. Se a pessoa, porém, não transcende a influência das forças contrárias à evolução existentes nela mesma, o nó cármico não é desfeito e as situações traumáticas ou incômodas poderão repetir-se, embora com outras vestes e sob novos pretextos.

Uma maneira efetiva de tratar o corpo emocional é a pessoa antes de tudo buscar a reconciliação dentro de si. Isso não implica concessão às forças involutivas; na verdade, trata-se de *aceitar* o próprio lado negativo, sabendo, todavia, que essa aceitação básica e indispensável não é passiva — a partir dela, dá-se início a um processo de transformação que enfoca a realidade presente.

Do ponto de vista evolutivo e espiritual, as imperfeições, quando aceitas para serem transformadas, impulsionam o progresso; quando porém são rejeitadas pelas camadas superficiais do ser, deixam de produzir esse efeito e passam a constituir apenas uma purificação de resíduos de ações, sentimentos e pensamentos negativos.

Além disso, é bom ter em conta que falar dos sofrimentos por mero desabafo, reagir contra eles, impede de instalar-se no caráter o valor moral e espiritual que proporcionariam.

Todo habitante deste planeta tem, em seu interior, a vibração que o identifica com a esfera que deixou, no plano cósmico, ao ingressar no plano terrestre. As formas de essa vibração fazer-se sentir podem divergir das tendências da mentalidade vigente hoje. É melhor, portanto, abstrairmo-nos de deduções precipitadas ou de idéias estereotipadas e arraigadas na mente comum. Paul Brunton diz, em seu livro *Idéias em Perspectiva**, que não sentirmos a necessidade de santificar os nossos dias é a nossa grande perda.

A menos que venha clareza de níveis supramentais, o ser humano pouco pode dizer sobre as causas do que lhe sucede; todavia, quaisquer que sejam elas, todos os acontecimentos de sua vida trazem-lhe condições propícias para a evolução e, conforme o caso, para a santificação.

O termo santificação diz respeito ao processo de equilíbrio cármico pela substituição de atos físicos, sentimentos e pensamentos negativos por positivos e, depois, ao processo de tornar neutros esses atos, sentimentos e pensamentos. Quem alcançou certo grau de realização mística dedicando-se a essa autopurificação expressa-o em virtudes, em altruísmo e em entrega de si ao mundo espiritual, com fé, devoção e fidelidade às leis evolutivas. Nesse campo, que a maioria traz inexplorado, há diferentes níveis de realização.

---

* Editora Pensamento, São Paulo.

A santidade é fase a ser vivida por todas as almas, quando vão se libertando dos apegos e, portanto, dos laços cármicos; não se trata de um caminho de penitências, mas do abandono progressivo da vontade pessoal, humana, para o cumprimento de uma vontade maior e interior existente no próprio ser.

Assim, chega-se um dia à verdadeira liberdade.

Parte III
LIBERAÇÃO DO CARMA

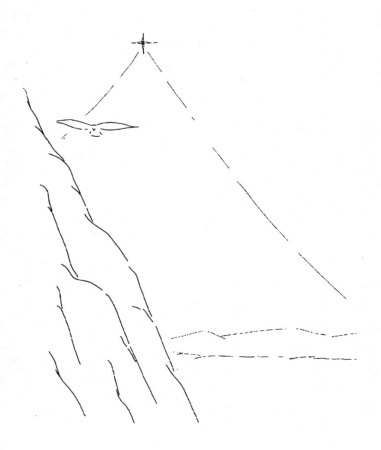

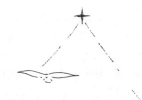

A saída do labirinto

Durante eras, os seres humanos, mesmo que não quisessem ou soubessem, caminhavam segundo a lei do carma, pois ela guiava, e ainda guiará por uns tempos, a evolução material na Terra. O carma precisava ser cumprido compulsoriamente, porque era a via de evolução do planeta. Essa condição é ainda a de muitos, mas, como já dissemos, vem sendo transcendida.

Perguntas como "Que fiz para merecer tal sorte?", "Quando isso acabará?" eram constantes na maioria das pessoas. Estava implícita uma idéia de obrigatoriedade e de opressão. Entretanto, algumas não faziam tais perguntas; o carma estava ali e elas sabiamente procuravam equilibrá-lo sem criar empecilhos. Caminham, assim, com rapidez para fora da roda das encarnações.

Na presente época, sobretudo pela adesão a um poder supremo e divino e pela neutralidade diante dos fatos da vida, um número cada vez maior de pessoas encontra forças para lidar com os efeitos de suas ações passadas e tem possibilidades de transcender a lei do carma. Podem dissolver a idéia de que cumprir um dever é algo pesado. Quem expressa naturalmente a energia de amor encara os deveres como tarefas a serem realizadas porque são para o bem. Faz tudo com simplicidade, sem lamentações, comentários ou raciocínios supérfluos — maneira suave de se distanciar do âmbito da lei do carma.

Outra forma de ir além da lei do carma é a oração sincera, a oferta e a abertura a níveis de existência mais elevados, a entrega a metas espirituais. Todavia, é necessário ter claro no que consiste essa oração libertadora.

A oração em que se pede pelo próprio bem ou pelo de outrem transcorre em nível humano e inevitavelmente cria carma, embora às vezes positivo; é a oração desinteressada, feita como pura doação à Fonte de Vida, que move energias supramentais e atrai leis superiores.

Diz-se que a maneira mais livre e direta de orar é considerar tudo entregue a Deus. Se essa Consciência Suprema sabe o que faz, se nos conhece melhor que nós mesmos, se com maior perfeição prevê o suprimento das nossas necessidades, que sentido teria pedir-lhe qualquer coisa?

Focalizar a consciência no nível da alma, no nível intuitivo, ou além, é a forma de não engendrar carma com a oração, de não se prender a circuitos de débitos ou retribuições.

Uma energia divina, que podemos chamar de *misericórdia*, eleva o ser humano a níveis que são inacessíveis nos processos normais da lei do carma. Essa poderosa e sábia energia flui na oração desinteressada e propicia cura, harmonia e libertação.

62

Apesar de no decorrer dos tempos forte carga emotiva ter sido acrescentada ao termo misericórdia, quando ele é aplicado em sua acepção mais pura designa essa energia que cura e transforma os níveis materiais, humanos e psicológicos. Pela misericórdia divina, saldos cármicos positivos que permaneciam "em arquivo" podem modificar situações e proporcionar conjunturas mais favoráveis ao desenvolvimento da consciência.

Essa misericórdia é a resposta do mundo interior a uma necessidade do homem, da humanidade ou do planeta. Quando uma pessoa, por exemplo, fez tudo o que estava a seu alcance para avançar no caminho da libertação, mas a limitação dos seus corpos materiais lhe é intransponível, a misericórdia divina lhe é revelada. É uma energia que provém de níveis espirituais e constitui a base do perdão. Qualifica o contínuo auxílio que as Hierarquias* oferecem aos homens, a despeito de eles pouco responderem a seus estímulos ao progresso.

O maior engano de quem se afasta da Lei é julgar seu erro maior que a misericórdia divina, e assim deixar de dispor-se a recebê-la.

---

* **Hierarquias.** Consciências que transcenderam as leis materiais e galgaram os sublimes degraus da existência espiritual. Como um corpo unificado e coeso, transmitem aos habitantes do universo em que elas atuam as diretrizes para o cumprimento do propósito evolutivo.

Como o carma humano é principalmente parte da bagagem do ego, para se transcender o âmbito de vigência da lei de causa e efeito deve-se ter a alma, ou um núcleo de consciência ainda mais elevado, como regente da existência.

A busca dessa transcendência com a participação ativa da alma que anseia pela libertação leva às etapas de superação do livre-arbítrio, dom que a princípio é um dos instrumentos de aprendizagem e fortalecimento do ego, mas que em graus mais avançados do caminho da evolução passa a bloquear o progresso.

O livre-arbítrio é uma particularidade da etapa humana da evolução do ser sobre a Terra, é a faculdade de eleger por si próprio a ação a praticar; de modo geral, até hoje foi pautado por tendências pessoais, não raro obscuras. O exercício do livre-arbítrio determinou muitas das características atuais do planeta e acarretou, entre outras conseqüências, o estado de contaminação física e psíquica em que ele mergulhou.

A superação do livre-arbítrio foi conseguida em todos os tempos por raríssimos seres que puderam expandir a consciência e ultrapassar o nível em que vive a maioria. Esses seres desbravaram o caminho para os outros e em nossa época ela se torna uma conquista mais generalizada. É que o livre-arbítrio faz parte da cosmogonia humana vinculada ao sistema energético dos chacras, e esse sistema está sendo substituído.

Quando alguém supera o livre-arbítrio buscando

cumprir a vontade transpessoal existente dentro do próprio ser, nova energia começa a permear-lhe a consciência, trazendo-lhe maior impulso evolutivo e concedendo-lhe visão ampla do propósito da sua vida individual, grupal ou da vida planetária.

Assim se dá a progressão do ser humano em relação ao livre-arbítrio:

◊ Enquanto primitivo, o homem na verdade não escolhe; dirigido, segue os impulsos das forças que se movem em seus corpos, e seu destino é traçado de maneira estrita pela lei do carma. Quase não participa ainda da determinação desse destino.

◊ No indivíduo de evolução média, as forças do desejo e as do pensamento disputam a soberania sobre suas ações; é quando o livre-arbítrio chega à máxima expressão. Esse confronto permanece até que as forças do pensamento prevaleçam e, numa etapa mais avançada, unam-se à vontade do eu interno.

◊ Naqueles cuja alma guia em certo grau a personalidade, o livre-arbítrio, apesar de ainda existir, deixa de preponderar. Os fatos de real importância, seja para a evolução deles, seja para o serviço que devem prestar, são determinados pelos seus núcleos profundos e pelas Hierarquias que os inspiram.

◊ Por fim, quando a alma assume totalmente a condução da personalidade, o livre-arbítrio é superado. É assim que, aos poucos, leis superiores passam a reger a existência humana, substituindo a lei do carma.

A transformação que agora está acontecendo em um número cada vez maior de pessoas direciona-as à essência da vida espiritual e divina. Sua entrega a essa essência encaminha-as para a superação do livre-arbítrio e para a dissolução das fronteiras do ego, pois são essas fronteiras que mantêm a consciência material apartada da sua fonte interna.

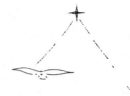

A libertação pelo cumprimento de leis mais amplas

Ao vir ao mundo material o homem traz consigo, oculta, a chave da sua origem cósmica. A história desta humanidade foi e está sendo dolorosa porque essa chave interna ficou esquecida, embora sempre tenha sido possível reencontrá-la.

A fé irrestrita e incondicional na existência de uma Inteligência suprema acima de todas as coisas é um dos meios para descobrir tal chave, pois abre o caminho para a percepção da imortalidade. Essa fé é portadora de energias sutis que introduzem a pessoa em uma vida sob leis superiores às materiais.

O carma vai-se transformando aos poucos com a mudança de atitude do homem. No entanto, o que se pode chamar de real transformação do carma baseia-se nessa fé e é levado a cabo por Hierarquias que inspiram a vida externa ao cumprimento de desígnios cósmicos. Quando essa transformação ocorre, o ser fica relativamente liberto de vínculos compulsórios físicos, emocionais e mentais e pode vir à encarnação com propósitos bem definidos, como, por exemplo, o de servir ao plano evolutivo.

À medida que o ser humano cresce em consciência, sua compreensão acerca da lei do carma vai mudando. Deixa de vê-la como mero instrumento para compensar erros cometidos no passado e reconhece-a como meio infalível e de extrema utilidade para realizar a meta superior da vida. Essa meta ele se põe a descobri-la quando aprofunda o desapego. Passa a notar que a lei do carma está presente em vários níveis da existência e que age de diferentes formas; é então que vem a cooperar com ela de maneira inteligente, não resistindo à transformação proposta pela vontade maior. Já não é apenas ator no próprio destino, mas colaborador efetivo da evolução, um verdadeiro criador.

Partindo da fé, podemos portanto ter nossa constituição material e psíquica mudada por inteiro e, gradualmente, reencontrar a chave que abre os portais da nossa realidade imortal, onde não há mais ontem nem amanhã e só existe o eterno presente, sem carma. A fé é um farol que ilumina todo o trajeto pelas tortuosas veredas dos mundos materiais, sempre nos conduzindo a leis superiores à do carma.

Considerável número de almas empenharam-se a clarificar o carma durante várias encarnações e, no momento atual, suas personalidades poderiam estar regidas por leis superiores; apesar disso, permanecem sob a lei do carma devido à inércia ou à falta de ousadia para assumir um novo estado.

Em geral são seres amadurecidos pela experiência e não se deixam levar pela maldade comum à maioria, mas algumas condutas tradicionalmente aceitas e tidas como positivas que eles adotam tolhem seu mergulho no desconhecido. Para esses seres as responsabilidades pessoais têm tanto valor que relegam a segundo plano obras de cunho espiritual e abrangência universal.

Aqueles que demoram a abandonar o que não mais lhes corresponde são às vezes impulsionados a sair da letargia pela perda compulsória de bens ou pelo rompimento desarmonioso de certas ligações afetivas. Para a personalidade essas privações podem resultar em sofrimento, mas para o eu interno, que tem em vista desenvolvimentos mais profundos e livres, é oportunidade há muito esperada.

Os impulsos enviados do alto para esses desligamentos nunca vêm prematuramente; aguardam a personalidade ter forças suficientes para assumir a etapa que se descortinará, com mínimas possibilidades de retroceder. Quando os seres ultrapassam o limbo das vivências repetitivas, onde tudo parece já conhecido, experimentam uma plenitude que só a ausência de vínculos pessoais pode trazer.

Dissolver os laços que atam a consciência ao ego, com seus hábitos e vícios, ir além do que é possível para a maioria, renunciar às próprias idéias, opiniões e gostos e despir-se de todo o supérfluo adquirido ao longo da vi-

69

da exige vontade férrea. Mas só assim se consegue chegar às leis maiores, sob as quais o carma inexiste.

Diz-se no *Novo Testamento* que os chamados para seguir o Mestre eram exortados a não perder tempo olhando para trás e a anunciar o reino de Deus. Os que são capazes de exercer a vontade a ponto de fazer isso experimentam indescritível leveza, e as tramas do carma não mais os impedem de anunciar esse reino por obras de teor transcendente.

Os que se libertaram sabem que nada é perdido quando se renuncia a algo ou a alguém. Passado o momento do ato de desapego, pode-se reencontrar de maneira inconcebivelmente mais elevada e essencial o que foi deixado. Estamos unidos a uma Consciência que a tudo abrange. Entre os fatores que nos impedem de perceber essa união real com todas as partes de um Todo está o costume da convivência em sentido comum e as recordações de fatos passados. Tudo isso pode continuar apresentando-se após o ato de desapego, caso não seja rejeitado com decisão.

As expansões de consciência e a adoção de metas universais reduzem a influência da lei do carma; mas, na verdade, de um ponto de vista estrito, ela só deixa de atuar por completo quando a consciência se une com segurança à Fonte da Vida — onde tudo é percebido num Todo. Nesse estado já não há separação entre transmissor e receptor, diferença entre Criador e criatura. É uma condição muito interna, impossível de descrever com palavras, e revela-se apenas aos que têm coragem de emergir do comportamento trivial da maioria.

Parte IV
ALÉM DO CARMA

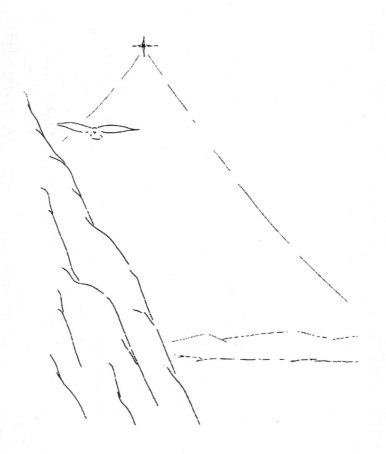

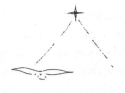

A transmutação monádica

Na Terra já se fazem notar mudanças nos mecanismos de nascimento e morte e a vigência de uma lei fora do âmbito do carma: a lei da transmutação monádica. Embora há muito tempo esteja atuante neste planeta, essa lei apenas agora se dá a conhecer de modo mais abrangente. Em épocas passadas pouquíssimos sabiam a seu respeito, e a lei da transmutação monádica só raramente, em casos especiais, regia a vinda ao mundo material.

A maior penetração da lei da transmutação monádica na vida da humanidade terrestre muda por completo uma série de conceitos sobre a forma de um eu interior ingressar no mundo material. Uma nova liberdade acompanha a expansão do estabelecimento dessa lei, pois faz cair por terra grande parte da mecânica da lei do carma, o interminável girar da roda das encarnações.

No ser humano, a mônada é um núcleo mais profundo do que a alma, e se dá a conhecer quando a consciência se amplia. Representa uma vontade superior à da alma; por isso, em certos escritos cristãos é chamada de Pai. Na transmutação monádica, essa essência cósmica do ser humano — a mônada, ou espírito — retira-se dos corpos da personalidade e os cede a outra mônada, mais evoluída. A que se retira já terá completado a etapa evolutiva prevista para aquela encarnação e, em geral, a mônada que neles ingressa não necessitaria encarnar compulsoriamente, mas vem realizar alguma tarefa nos planos materiais. Mediante essa forma de serviço, ambas as mônadas crescem em luz e consciência.

São leis superiores as que regem a transmutação monádica, pois a lei do carma não mais corresponde totalmente ao estado evolutivo da mônada que parte nem ao estado da que se aproxima da vida concreta. No entanto, nas transmutações que hoje acontecem, a mônada que vem ao mundo material assume o carma dos corpos que passa a ocupar, mantendo, entretanto, certo controle sobre ele. Essa mônada está liberada, mas o mesmo não se pode dizer dos corpos, por serem formados de elementos densos, por sofrerem influências hereditárias, e devido ao passado dos seus átomos neste planeta.

Na transmutação monádica a lei da morte é transcendida pela mônada que parte e que não mais encarnará segundo os parâmetros da lei do carma. Quanto à mônada encarnante, transcende a lei do nascimento físico — ou pode tê-la transcendido antes —, o que talvez não tenha ocorrido ainda com a que lhe cede os corpos.

A mônada encarnante é poupada de viver as etapas de gestação uterina, de infância e de adolescência, supérfluas para a tarefa que deve prestar. Ingressando em corpos já formados e prontos para levar adiante o serviço de que está encarregada, permanece encarnada apenas o tempo necessário ao seu cumprimento. Um ser transmutado, portanto, não só não está submetido à lei do carma, mas tampouco à lei da reencarnação como é conhecida, bastando-lhe haver corpos disponíveis e adequados à tarefa que vem cumprir ao manifestar-se fisicamente.

Há seres extraterrestres que quando precisam servir no plano físico vêm a ele pela transmutação monádica. Esse será um mecanismo acessível à maioria dos habitantes da superfície terrestre em sua próxima etapa evolutiva, como vimos em nosso livro *Sinais de Contato**, que narra um episódio de transmutação monádica.

Sob a lei da transmutação monádica os seres vão para o mundo suprafísico sem apegos pelo que estão deixando aqui na Terra e sem ansiedades pelo que irão encontrar no lado interno da vida —, e outros vêm para o mundo físico livres dos traumas que a gestação e o parto sempre provocam e das fases de crescimento e formação, preparatórias da vida sobre a Terra.

Vários instrutores espirituais aludiram à transmutação monádica. No livro *Das Lukas-Evangelium***, Rudolf Steiner afirma: "Ocorre, por exemplo, que chegando a certa etapa de sua evolução uma individualidade necessite condições distintas das que lhe foram dadas inicialmente. Pode suceder então que um ser humano, ao atingir a idade determinada, de repente desmaie e pareça morto. Nesses casos, produz-se uma transformação: o Eu abandona os corpos e outro Eu toma seu lugar". Steiner com-

---

* Editora Pensamento, São Paulo.
** Editado em alemão por Rudolf Steiner Verlag, Dornach, Suíça.

plementa: "Semelhante permuta de Eu produz-se também em outros casos; é fenômeno conhecido de todo ocultista".

Também Djwal Khul, o Mestre Tibetano, disse em 1920 que esse fenômeno — por ele denominado "obsessão divina" — seria cada vez mais comum nos anos seguintes: "Na obsessão divina, o indivíduo coopera consciente e voluntariamente com Aquele que procura inspirar, ocupar ou empregar seus veículos inferiores (os corpos externos). O motivo será sempre o de prestar maior auxílio à humanidade... Quanto mais a raça humana desenvolver a continuidade de consciência entre o físico e o emocional e, mais tarde, o mental, mais esse processo de troca será freqüente e mais bem compreendido"[*].

A transmutação monádica é realizada sob a aura benéfica de seres libertos, que servem como esteios dos fatos energéticos nela envolvidos. Conta, também, com a atuação de devas evoluídos, cuja presença é quase sempre esotérica. Pressupõe o encerramento do arquivo cármico da mônada que parte, bem como a criação do conduto vibratório que permite a entrada da nova energia monádica. Sem a participação de energias mais elevadas que a monádica, esses processos não seriam possíveis.

A propósito de temas como esse, ainda desconhecidos da maioria, pode-se citar um dito de Goethe: "Um homem não chega a compreender coisa alguma, a menos que a ame". O grande poeta refere-se à necessidade de se perceberem fatos sutis pelo sentimento do coração e não tanto por vias racionais.

---

[*] *Cartas sobre Meditação Ocultista*, Alice Bailey, Editora Pensamento, São Paulo.

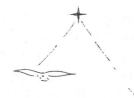

O novo código genético

O código genético de um ser humano é muito mais que uma composição físico-química; é um conjunto de condições energéticas determinado pelo arquétipo da humanidade em cada ciclo evolutivo. Não se resume à organização das substâncias de um organismo nem ao seu funcionamento, mas inclui o seu estado de consciência. Excede, portanto, o nível material, e é um recurso do plano evolutivo para a condução dos seres ao padrão energético que estão destinados a expressar.

Por ser um agente para a materialização de padrões arquetípicos e por esses padrões serem dinâmicos, um código genético é modificado ou substituído pelos regentes da evolução conforme a necessidade. Quando os seres humanos se distanciam do padrão arquetípico de um dado ciclo ou quando há mesmo uma mudança de ciclo, tais ajustes são feitos. Na história desta humanidade, já houve pelo menos quatro trocas de código genético.

O impasse ao qual os seres humanos chegaram, não conseguindo ultrapassar a polarização nos níveis mais concretos da vida, somou-se ao que ocorre na Terra, um planeta físico que deve sutilizar-se e transferir-se para um nível etérico, isento da densidade atual. Nessa situação, em que são exigidas transformações profundas, tornou-se necessário um impulso imaterial mais forte, e um novo código genético, o GNA*, começa a ser implantado na humanidade em níveis suprafísicos.

Este planeta está-se sutilizando de maneira progressiva, e a humanidade que irá povoá-lo deverá ter componentes genéticos adequados para exprimir o que a consciência planetária solicita em sua ascensão.

O novo código genético está sendo implantado em aproximadamente dez por cento dos seres humanos que se encontram na órbita terrestre, estejam encarnados ou não. No plano físico, os corpos se tornarão mais sutis; no plano espiritual, isso acontecerá segundo leis que lhe são próprias. Tivemos oportunidade de enunciá-las no livro *A Trajetória do Fogo***, de forma sintética.

Características hereditárias, tais como altura, cor da pele, fisionomia, presença ou ausência de defeitos físicos, assim como alguns traços psicológicos, até agora vinham sendo transmitidas de pai para filho pelos cromossomos, e é justamente isso que começa a mudar.

Para os que estão recebendo o GNA, cai toda essa antiga estrutura de hereditariedade e do carma; sendo de

---

* Essa sigla não se refere a uma substância química específica, mas a um campo eletromagnético.

** Editora Pensamento, São Paulo.

origem estelar e imaterial, ele não condiciona um ser ao passado da sua espécie.

O DNA, vigente na humanidade no ciclo que ora se encerra, é de origem animal e pôde levá-la até determinado patamar. Agora, para maior integração nas realidades internas, torna-se necessário o GNA.

Quando o homem ainda tem o DNA e está sob a lei do carma, ele age no plano físico criando valores materiais e gerando carência ou abundância, segundo a qualidade das ações realizadas. Pelos sentimentos, cria valores no plano dos prazeres e dos desgostos, estabelecendo assim uma situação emocional positiva ou negativa, conforme a natureza deles. Pelos pensamentos, cria valores no plano das idéias, o que acarreta ideais elevados e, portanto, saúde mental, ou pessimismo, apreciações críticas e desequilíbrio, a depender do caráter deles.

Com o novo código genético o homem já não será prisioneiro das próprias e limitadas criações. Ademais, estará despojado de agressividade e poderá compreender que os bens são de todos e não apenas de alguns, e devem ser usados para o desenvolvimento da consciência espiritual e não para a satisfação do egoísmo.

Dada à sua origem, o GNA traz ao homem estabilidade, unidade de pensamento e sentido de fraternidade, possibilitando-lhe viver conscientemente em níveis internos e de acordo com as leis que os governam. Com a implantação desse novo código genético, introduz-se nova vibração no seu mundo subjetivo. Essa vibração projeta-se de nível em nível, sintonizando todos os átomos dos seus corpos com a sua freqüência, que é sutil e está unida à meta cósmica do eu interior.

Conforme já vimos, como preparo para a transição da lei do carma para a lei evolutiva superior, devemos realizar na vida diária o que é bom, benéfico e útil, desapegados de todo e qualquer fruto da ação. Esse ensinamento é antigo como o mundo, mas só agora, com a implantação do novo código genético, poderá ser compreendido e praticado por maior número de pessoas. É que, no antigo código, o DNA, mesmo as que buscam a vida espiritual comportam-se como o apóstolo Paulo, que declarou não realizar o bem que queria, mas sim o mal que não pretendia.

Mas a expansão que está por vir não se baseia somente na troca do código genético, nem na transcendência da lei do carma. Até então, sobretudo no cérebro, só células de vibração grosseira estiveram ativas, suportando os desajustes dos próprios corpos do homem. Todavia, um grande contingente de células destinadas a manifestar e a captar ondas energéticas de planos espirituais e divinos será despertado.

O despertar dessas células faz parte da ampla reestruturação da vida física desta humanidade. Depende do contato da consciência material com a alma, contato que proporcionará uma percepção mais livre de egoísmo e menor tendência a criação de vínculos com pessoas, coisas e circunstâncias. Com maior proporção de células saudáveis ativas, num futuro não distante, muitos serão capazes de aderir ao aparentemente desagradável, a fim de ajudar a evolução de grupos e do planeta. Superarão o plano dos desejos e poderão servir com liberdade às energias construtoras das obras evolutivas no cosmos.

O GNA pode desenvolver-se e manifestar-se também nos planos mais densos da existência, quando há receptividade ao que ele inspira e estimula. Se não houver na pessoa abertura à transformação, ela pode rejeitar o novo código, que então se recolhe em níveis subjetivos até a dissolução dos nódulos resistentes. Dependendo do grau de reação contrária aos impulsos imateriais trazidos pelo GNA, este pode até mesmo ser cancelado, para só em um ciclo futuro a pessoa integrar-se nessa corrente evolutiva.

Com o advento do novo código genético, devidamente assumido, prevê-se unidade de aspiração e de meta no nível mental dos seres humanos. O GNA traz à Terra padrões de existência cósmicos e constitui o fundamento da Nova Humanidade. É um código genético que predispõe o ser à sutilização, e sua vibração é porta de acesso da consciência a experiências e à vida em planos superiores. Valendo-se dele, o potencial energético desses planos é utilizado para tornar mais fluida a matéria. Esse processo, em íntima colaboração com a alma, tem o papel de dinamizar e de facilitar o amadurecimento da consciência.

A capacidade de receber o GNA é determinada pela afinidade interna com o que dele se irradia. O GNA deve corresponder às aspirações de quem o recebe; assim, tanto a pessoa o atrai como é por ele atraída. O trabalho sutil que esse código genético pode realizar, ou seja, permitir-lhe pautar a vida pelo pulsar do espírito, ainda é um mistério para a maioria e continuará sendo até a pureza e a entrega à Lei Maior — a do Amor-Sabedoria — terem-se tornado a linha mestra de seus passos.

Concluído o carma terrestre, o novo homem irá dispor de outros recursos, porque terá corpos mais puros, mais sublimes, desprovidos de livre-arbítrio. Com o novo código genético, os seres terão maior facilidade de acesso ao Conhecimento e cumprirão as tarefas determinadas pela nova lei evolutiva. Expressarão o verdadeiro amor e saberão serem parte de uma harmonia que os integra definitivamente na ordem dos universos mais adiantados.

Pela aspiração a ascenderem a planos superiores sem provocar danos nem transgredir a lei do amor, desenvolverão potenciais até hoje inéditos. Ao cumprirem essa lei sublime, terão assegurada a própria ascensão, o que refletirá em toda a humanidade. Viverão a união mais descondicionados. Sua existência transcorrerá na inabalável harmonia dos níveis espirituais do cosmos, finalmente projetada aqui na Terra.

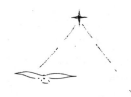

O despertar do consciente direito

Em uma parte da consciência do homem ficam arquivados os laços com coisas, idéias, pessoas, tendências e formas de vida criados por ele. É nessa área, chamada de consciente esquerdo, que se aloja o poder do carma, bem como a susceptibilidade aos desejos e outros fatores que levaram esta civilização ao declínio.

Todavia, outra parte da consciência humana é capaz de trazer equilíbrio às tendências do consciente esquerdo e de instaurar no ser a harmonia com leis superiores. A ela chamamos de consciente direito. Diz respeito à conexão com níveis abstratos, onde se revelam padrões arquetípicos e diretrizes do plano evolutivo. O consciente esquerdo, por outro lado, diz respeito à cognição por meio dos sentidos externos e à repetição de padrões conhecidos; refere-se, portanto, à sintonia com fatos concretos, com idéias triviais e maneiras óbvias de viver, perpetuadas pelos costumes e por tradições de todo gênero.

Certas noções sobre o nível etérico da existência são importantes para a compreensão das mudanças que liberarão alguns seres humanos da regência da lei do carma.

Pelo corpo etérico circulam as correntes elétricas que permitem a transmissão de impulsos nervosos, revelando aos órgãos físicos a conduta necessária para o bom funcionamento de todo o organismo. Além disso, dele provém a força de coesão do corpo físico.

Enquanto no corpo físico aglomerados de células formam órgãos que, por sua vez, constituem sistemas, no corpo etérico existem núcleos de energias interligados. A maior ou menor limpidez desses circuitos energéticos determina o grau de saúde e de harmonia da parte física.

Há uma infinidade de circuitos energéticos no corpo etérico, porém não têm todos importância igual. Alguns são eixos em torno dos quais giram os outros. Tanto o trajeto descrito pela energia nesses circuitos quanto os núcleos neles ativados correspondem à necessidade de expressão e de relacionamento do ser humano com o universo em torno.

Esses circuitos expressam-se de acordo com o grau de sensibilidade e com o nível de maturidade espiritual de cada ser. Assim, o corpo etérico de quem esteja focalizado em coisas densas é diferente do corpo etérico de alguém cuja existência esteja fundada no altruísmo. São distintos os centros energéticos ativos em um e em outro. Mas, apesar dessas particularidades individuais, há um *modelo* de corpo etérico para todos os membros de uma humanidade em certo ciclo evolutivo.

No corpo etérico do ser humano regido pela lei do carma e cujo código genético é o DNA destacam-se sete centros — vórtices de energias denominados chacras —, localizados na aura, próximos à coluna vertebral.

Chacras
Centro coronário
Centro ajna
Centro laríngeo
Centro cardíaco
Plexo solar
Centro sexual
Centro da base da coluna

Os instrutores do passado chamaram a atenção para esses chacras e, tendo-os como base, forneceram algumas chaves para o trabalho evolutivo consciente. Em *Um Tratado sobre Magia Branca*, de Alice Bailey, por exemplo, é dito que a vida pura e correta é a forma mais simples de ajustar as energias às necessidades evolutivas e de ativar mecanismos e estruturas vitais até então adormecidos.

Segundo essa obra e muitas outras fundadas no sistema dos chacras, a personalidade, o aspecto matéria do ser humano, alcança a apoteose quando as energias latentes na base da coluna chegam à cabeça e são levadas ao centro existente entre as sobrancelhas, o centro ajna. Depois, quando as energias do centro sacro são sublimadas, reorientadas e elevadas para o centro da garganta e o interesse sexual é ultrapassado, o ser humano se torna uma força consciente criadora nos mundos superiores. Além disso, quando as energias do plexo solar são transmutadas e reorientadas para o centro do coração, ele alcança uma consciência de grupo e se transforma num servidor da humanidade.

Esse foi o trabalho de elevação da energia desenvolvido durante todo o ciclo que ora finda. Hoje, todavia, esse circuito dos chacras está sendo desativado e um novo — o do consciente direito — começa a agir em seres pioneiros. A energia desloca-se gradualmente de um sistema para outro. Para compreender esse processo, leve-se em conta que:

◊ A cada etapa do planeta existe uma estrutura etérica básica, um padrão arquetípico a ser expresso.

◊ Em 8.8.88 teve início novo ciclo planetário e solar e um período de purificação intensa na Terra; com isso, os níveis de consciência no planeta estão passando por transformações profundas.

◊ Um novo código genético regerá a formação dos corpos dos seres humanos.

Assim, o potencial energético disponível ao homem aumenta, e o manancial que antes se distribuía por sete centros principais (os setes chacras) concentra-se e passa a exprimir-se por três (o cerebral direito, o cardíaco direito e o plexo cósmico). Posteriormente, esse potencial expandirá sua ação, pois mais dois centros, chamados supraluminares, virão somar-se aos três. Se estivermos atentos, veremos que essa "nova" constituição energética do homem já estava implícita em instruções antiquíssimas e, de forma esotérica, em conceitos dos mais avançados subentendidos nos dizeres de sábios como Sri Aurobindo. Todavia, só com a transição operada em 8.8.88, esses assuntos foram finalmente explicitados.

Chacras

Centro coronário
Centro ajna
Centro laríngeo
Centro cardíaco
Plexo solar
Centro sexual
Centro da base da coluna

Centros do consciente direito

Primeiro centro supraluminar
Segundo centro supraluminar
Centro cerebral direito
Centro cardíaco direito
Plexo cósmico direito

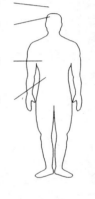

Na mudança do sistema de chacras para o sistema do consciente direito, a energia do centro do alto da cabeça, do centro ajna e de parte do centro laríngeo vão-se fundindo num único centro, o cerebral direito, no qual a capacidade cognitiva e a capacidade criativa estarão unificadas, levando o ser humano a maior equilíbrio em sua interação com o mundo externo. A atividade mental analítica e concreta passa aos poucos ao âmbito subconsciente e se automatiza, assim como hoje são as funções orgânicas do corpo físico.

Centros do conciente direito	Chacras que estão sendo absorvidos nos centros do consciente direito
Centro cerebral direito	Centro da cabeça Centro ajna Centro laríngeo
Centro cardíaco direito	Centro laríngeo Centro cardíaco Plexo solar
Plexo cósmico	Plexo solar Centro sacro Centro da base da coluna

As energias canalizadas pelo centro sacro e pelo centro da base da coluna, bem como parte das canalizadas pelo plexo solar, convergem para o centro localizado do lado direito do corpo, abaixo da última costela, o plexo cósmico. A sublimação dos aspectos instintivos feita pelo trabalho evolutivo com base no sistema de chacras está sendo, portanto, superada. O homem com os centros do consciente direito ativos já não terá sua energia focalizada em nível tão denso e elevá-la, para ele, representará bem maior ampliação de consciência.

O centro cardíaco direito sintetiza a energia do centro cardíaco do antigo sistema de chacras e recebe uma parcela da energia do plexo solar e do centro laríngeo. O potencial de amor e o de criatividade impessoal estarão assim reunidos e atuando juntos, o que mudará por completo o convívio entre os seres humanos. As dificuldades decorrentes de relacionamentos egotistas deixarão de existir, pois o centro cardíaco direito é mais aberto à vibração da alma, núcleo em que a vida fraterna é realidade estabelecida.

A elevação da energia nos centros energéticos de um ser humano é decorrência natural da mudança de polarização da sua consciência; portanto, ele nada deveria fazer para forçá-la. Nos planos externos, a completa transferência do antigo sistema de chacras para o circuito do consciente direito advém de uma elevação energética espontânea, de as forças do ego já não dominarem e da renúncia ao livre-arbítrio. Com isso, as forças do ego vão-se integrando nas energias da alma, o que faculta ao indivíduo maior autocontrole e o contato com leis suprafísicas, em especial a lei evolutiva superior.

Por essa breve exposição pode-se entrever os efeitos dessas transformações na transcendência da lei do carma. Tudo o que liga o ser à cadeia de ações e reações fica permeado e controlado por outras leis, mais sutis. O grau de vibração que os vórtices do consciente direito lhe trazem tornam-no apto a ingressar em freqüências superiores às comuns.

A transição do consciente esquerdo para o direito não é brusca, já que acompanha toda uma reordenação da estrutura energética dos corpos da personalidade. Aos poucos vai emergindo nova forma de ver os fatos, que toma o lugar da antiga, mais restrita e autocentrada. Como conseqüência imediata, o despertar do consciente direito coliga o ser com leis mais sutis que a do carma, em especial com a lei evolutiva superior, porque se insere num fluxo em que a harmonia nos universos pode consolidar-se sem impedimentos. O consciente direito é fundado na comunhão e faz desabrochar no ser uma índole pacífica, leva-o a vibrar em níveis suprafísicos e cósmicos.

Parte V
O CARMA NA VIDA DOS PLANETAS

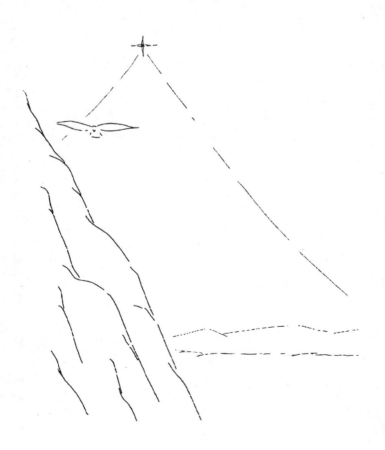

Parte V

O CARMA NA VIDA
DOS TERRENOS

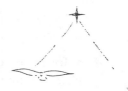

Vínculos que ultrapassam eras

Assim como um homem em sua essência profunda e imaterial é um espírito, ou mônada, um corpo celeste é um logos, núcleo de consciência e de pura energia. Um logos se desenvolve, e cada um está em determinado grau evolutivo — daí a diferença entre os corpos celestes.

O logos da Terra conduz a evolução dela segundo o propósito maior da sua existência e abarca tudo o que está presente em seu orbe. Contudo, apesar dessa condução e do intenso trabalho de Hierarquias espirituais de seres avançados encarregados de levar adiante o cumprimento desse propósito, a vida externa da Terra chegou a graus extremos de conflito devido ao mau uso que a humanidade fez do livre-arbítrio.

Um planeta é mais que mero corpo celeste: é um universo composto de vários mundos, níveis e dimensões. Vai sendo originado gradualmente pela convergência de *correntes de vida* oriundas de diversos pontos do cosmos, sobretudo do sistema solar onde se encontra.

Os conflitos que acontecem agora na Terra decorrem de diversos fatores, entre os quais citamos:

◊ débitos cármicos engendrados pelo planeta e pelo sistema solar e que necessitam ser saldados;

◊ a forma heterogênea como a Terra, neste atual ciclo evolutivo, foi povoada. Vieram para cá seres transmigrados de várias áreas do universo, e nem todos tiveram experiências positivas antes de se tornarem humanos. Trouxeram consigo, portanto, antagonismos não resolvidos e profundos traumas;

◊ o fato de as raças humanas que até hoje conviveram na Terra terem equilíbrios a fazer entre si, como se nota pelo seu comportamento. Profundas diferenças não foram até agora dissolvidas, e daí advém o grande número de guerras e estados de animosidade crônicos.

No decorrer das etapas evolutivas da humanidade, à medida que ela se firmou em sua opção pelo livre-arbítrio e perdeu o contato com estados de pureza, seu carma foi progressivamente tendendo para mais negativo. Mesmo assim, seus desvios sempre se deram dentro dos limites permitidos por leis maiores que, como se sabe, abrangem realidades que se superpõem às regidas por leis menores.

Um dos reflexos desse agravamento do carma humano na Terra, planeta não-consagrado[*], foi o surgimento

---

[*] **Planeta não-consagrado**. Planeta que ainda não incorporou completamente aspectos e atributos da consciência logóica solar e que, portanto, irradia energia conflituosa em níveis vibratórios mais densos.

de enfermidades para expurgação coletiva. A primeira enfermidade, a sífilis, apareceu como conseqüência da promiscuidade sexual entre os homens primitivos, e entre eles e os animais, na antiga Lemúria*.

A tuberculose foi outro mal planetário que se manifestou; surgiu na Atlântida** como elemento de equilíbrio, quando o homem, ao deixar de usar todos os recursos naquela época disponíveis em seu ser, sufocou em si mesmo muito do progresso espiritual que poderia ter tido.

Essa limitação auto-imposta perdura até os dias de hoje, e é evidente na dificuldade que a maioria tem de desvincular-se de planos de consciência conhecidos para ingressar em novos patamares.

Uma doença planetária, o câncer, veio para purificar os seres humanos, para neutralizar sua antiga maldade. À medida que essas enfermidades planetárias vão sendo controladas pela ciência e deixando de ser fatais, novas vão aparecendo, como a AIDS e outras, muitas delas ainda não detectadas.

Certas doenças epidêmicas funcionam como instru-

---

* **Lemúria**. Continente hoje desaparecido; em grande parte encontra-se no fundo do atual oceano Pacífico. Na época lemuriana, o ser humano desenvolveu o corpo físico.

** **Atlântida**. Continente hoje desaparecido; em grande parte encontra-se no fundo do atual oceano Atlântico. Na época atlante, posterior à lemuriana, o ser humano desenvolveu o corpo emocional.

mentos de juízo*, levando a desencarnar grande número de pessoas. São parte dos recursos usados pela natureza para restaurar a ordem perdida no planeta devido à superpopulação. Muitos dos que desencarnam por meio dessas doenças entram nos planos sutis em uma espécie de sono profundo prolongado, até que a porta de um novo esquema planetário se abra para eles. Todavia, isso não é regra geral.

Por meio das epidemias e de outras formas de seleção, a Terra vem pagando suas dívidas cármicas mais grosseiras, o que não deixa de ser uma maneira de ela preparar-se para novos ciclos, regidos por uma evolução superior, imaterial.

À primeira vista pode-se pensar que as Hierarquias espirituais poderiam prestar muito maior ajuda à sofrida superfície da Terra; porém, é preciso levar em conta a lei do carma e a dependência que até agora os seres humanos criaram dessa lei. À medida que a humanidade se eleva além desse âmbito, pode receber dádivas maiores, que sempre estiveram à sua espera, como aconteceu no caso de Maria Madalena (apresentado no *Novo Testamento*), no de Paulo de Tarso, no de Santo Agostinho e no de muitos outros que saíram de uma condição vibratória bastante densa e na mesma encarnação passaram a patamares de

---

* **Juízo**. Processo de seleção utilizado para homogeneizar as vibrações de determinado âmbito, afinando-o com um novo ciclo evolutivo. É realizado por consciências logóicas e entidades elevadas, visando ao bem de todos.

comunhão com realidades cósmicas e com membros dessas Hierarquias.

Na presente fase, a Terra recebe impulsos intensos para os seres humanos irem ao encontro dessas dádivas, o que só se dará mais plenamente quando os atos desarmoniosos destas últimas eras forem equilibrados. As forças da natureza, também conduzidas por consciências elevadas, atuarão de modo potente nesse equilíbrio, e cada indivíduo receberá na medida exata o retorno das transgressões que cometeu, pois a lei do carma é precisa e justa.

Com essa purificação global, a Terra mudará seu nível vibratório e terá oportunidade de seguir outras leis: as que ordenam a evolução ascendente dos planetas. Daí por diante estará entre os que compartilham conscientemente da fraternidade cósmica, preservando-a e aprofundando-a.

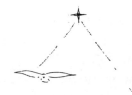

O carma dos reinos em evolução na Terra

Não apenas o homem, mas as criaturas de todos os reinos da natureza e todas as partículas do mundo tangível possuem débitos e créditos cármicos.

Enquanto no reino humano existe carma individual, distinta é a situação dos reinos infra-humanos. A evolução dos animais, dos vegetais e dos minerais fundamenta-se no carma da espécie a que pertencem, com exceção dos animais próximos da individualização*, que já reencarnam e começam a construção de sua alma. Acrescenta-se a ele o carma da matéria que compõe seus corpos materiais.

Nos reinos infra-humanos, a lei do carma faz com que cada ser receba o retorno da interação de toda a espécie com o universo. Além disso, para cada espécie animal, vegetal ou mineral existe uma entidade-regente que atua como transformador das energias que fluem entre a

---

* **Individualização.** Formação da alma individualizada, que ocorre na transição de uma mônada do reino animal para o reino humano.

alma-grupo* e os seres da respectiva espécie. É com essa entidade que trabalham as consciências solares, sumamente elevadas, que coordenam a aplicação da lei do carma no âmbito do sistema solar.

No reino humano cada indivíduo recebe o retorno de seus próprios atos e uma parcela do retorno dos atos da humanidade como um todo. Esse processo é diferente nos reinos infra-humanos, já que neles cada ser "é toda a espécie".

É de grande importância a posição ocupada pela humanidade, pois os reinos infra-humanos a têm como meta que em algum lugar do cosmos deverão um dia atingir. O homem deveria ser para os seres desses reinos o intermediário das emanações do reino espiritual. Todavia, como ele na maioria dos casos tem tendências involutivas, conduz as correntes de vida infra-humanas segundo fins obscuros, com isso agravando seu próprio carma.

O fato de o homem estar implicado, de maneira direta ou indireta, na poluição da terra, da água e do ar, na devastação de florestas e na matança de milhões de animais faz com que seus débitos cármicos sejam consideráveis. Até mesmo indivíduos de elevada aspiração chegaram a contribuir para esse estado de coisas. Contudo, os que verdadeiramente se dispõem a saldar esses débitos poderão fazê-lo em curto prazo.

---

* **Alma-grupo**. Núcleo por intermédio do qual a essência dos seres que evoluem no reino mineral, no vegetal e no animal se exprime e contata os níveis materiais. Uma alma-grupo acolhe as experiências de cada ser que a compõe, sintetiza-as e compartilha-as com todos.

A energia flui com especial intensidade sobre os que estão decididos a mudar a condição aprisionadora em que se encontram. As conseqüências das ações desequilibradoras praticadas no passado podem ser dissolvidas por meio de ações opostas às anteriores. Ainda que tenham sido graves ações, a misericórdia divina, como já dissemos, nunca deixa de atuar. "Os últimos serão os primeiros", diz a bem conhecida Lei.

Para a ciência esotérica, pensamentos e palavras negativas e densas são em grande proporção responsáveis por fenômenos destrutivos da natureza e pela selvageria dos seres infra-humanos. Na verdade, a agressividade emanada da humanidade, seus pensamentos de ódio e destruição e o massacre de milhões de animais por ela perpetrado repercutem negativamente sobre os núcleos internos das espécies. Embora com respeito ao reino animal tudo isso faça parte do pagamento de dívidas cármicas que ele tem para com o reino humano, graves são seus efeitos. Essas dívidas foram contraídas em tempos pretéritos, quando homens primitivos eram dizimados por animais gigantescos, não só no plano físico concreto, mas também no etérico e no astral.

Pouco a pouco, porém, alguns seres humanos têm tomado consciência da ajuda que devem prestar ao reino animal. Sobretudo nesta época, há muitos animais preparando-se para ingressar no reino humano em um ciclo futuro e, para isso, começam a desenvolver uma alma individual. Essa alma forma-se em condições favoráveis quando não é marcada pela violência e é preservada de entrar em contato com as densas vibrações de um ambiente em que haja promiscuidade sexual entre seres humanos.

Os animais em via de individualização requerem tratamento distinto dos demais. Necessitam de relacionamento fraterno com o ser humano para imbuírem-se no estado de consciência que será seu próximo patamar evolutivo. Seu desenvolvimento é sobremaneira facilitado em ambientes onde forças instintivas não prevalecem, onde há ordem e onde o amor incondicional é o condutor da vida. Em ambientes assim, com menos dificuldade a polarização do animal pode transferir-se da região sacral para a cardíaca e para a mental, e os núcleos que nessas áreas superiores servirão de base para a alma em formação podem amadurecer com tranqüilidade.

O reino vegetal foi o que mais conseguiu cumprir o propósito de sua existência na Terra e, portanto, muito pode contribuir no equilíbrio cármico ora realizado no planeta. Exerce papel relevante na transmutação de vibrações etéricas e não chegou a maior plenitude devido à densidade do campo psíquico desta civilização. No entanto, o reino vegetal não é isento de carma negativo, como se pode notar pelas agressões que tem sofrido em todas as partes do mundo.

Com a purificação e com o juízo em ato no planeta inteiro, deixarão de existir algumas espécies vegetais que não correspondem à vibração que nele se instalará no futuro. Outras, tendo cumprido seus ciclos de serviço, também desaparecerão. Após esse equilíbrio cármico e essa renovação das espécies, a comunicação entre o homem e os vegetais se aprofundará. A atividade agrícola, que ora tem como fim único o sustento do próprio homem, será substituída por uma colaboração recíproca e criativa.

Por ter cumprido sua parte na fase atual do plano evolutivo para a Terra, o reino vegetal abriu um caminho para níveis de existência elevados, caminho a ser utilizado pelos demais reinos no futuro.

Em sua evolução, o reino mineral desenvolve a capacidade seletiva. Faz isso ao expressar seu diversificado âmbito de exemplares, dando a cada um deles características próprias pela interação específica de átomos e moléculas.

A situação cármica desse reino é a da matéria em si: tem débitos cármicos consideráveis, de que são sinais tanto a contaminação do ambiente provocada pelo ser humano, quanto a transformação da crosta terrestre provocada pelas forças da natureza. Após a completa purificação da Terra, novas formas serão plasmadas nesse reino, e sua interação com os demais se aprofundará.

Os minerais passam hoje por um processo de sutilização intenso e no ciclo futuro serão reconhecidos como pontos de focalização de energias extraplanetárias. Estando então a humanidade mais avançada, não mais usará cristais, pedras e metais de modo distorcido; poderá trabalhar e cooperar com esse reino em bases evolutivas.

Grande parte dos elementos químicos que constituem os minerais e os corpos existentes neste planeta possui nuclídeos radioativos numa proporção cuidadosamente controlada pelas Inteligências regedoras da natureza. Esses elementos radioativos resultam da condensação de forças cósmicas introduzidas na matéria e não assimiladas. São transformados num processo fundamentado em ciclos até chegarem ao estado não-radioativo, processo em que essas forças cósmicas excedentes são absorvidas.

Desequilibrar a proporção entre as partículas radioativas e as não-radioativas é interferir na capacidade de o substrato material do planeta receber e processar forças siderais. Por isso, ao manipular a energia atômica, o ser humano altera a interação da Terra com a vida extraplanetária.

Em seus *Notebooks**, Paul Brunton diz: "O que os cientistas fizeram foi destruir o átomo, a matéria-prima

---

* Volume VII, editado pela Larson Publications, Nova York.

criada por Deus e por Ele utilizada para compor o universo. Liberaram forças destrutivas e lançaram-nas no mundo e, com elas, introduziram forças degenerativas no meio da humanidade. Mesmo o uso comercial pacífico da energia nuclear em reatores trazem-nos esses males, e os procedimentos de segurança não são capazes de controlá-los".

Devido à atual densidade da Terra, a maioria dos homens pouco compreende o reino elemental e tem apenas notícias gerais acerca das forças que o compõem. Quando impulsionadas a cumprir tarefas, essas forças podem tomar a forma de seres, alguns chamados de elementais da terra, da água, do fogo e do ar. Mas o futuro reserva à humanidade conhecimentos mais profundos a respeito delas.

Sabe-se hoje que, sendo essas forças intrínsecas aos diversos níveis de consciência existentes, o reino elemental não segue por completo o plano evolutivo e, a cada distanciamento das metas a ele propostas, cria débitos cármicos.

O reino elemental está na base da corrente evolutiva na Terra e trabalha junto com os outros reinos. Seu equilíbrio cármico dá-se quase sempre pela violenta ação de energias etéricas que, provenientes do cosmos e do interior da Terra, ajustam o padrão vibratório da substância terrestre ao previsto pelo regente do planeta. O uso de tecnologia e armamentos nucleares pelo ser humano dificulta muito esse equilíbrio.

⁕

O reino dévico — do qual faz parte a evolução angélica — responde com perfeição aos propósitos das Hierarquias planetárias e cósmicas e, portanto, não engendra carma. A estrutura funcional desse reino também é escalonada, e cada patamar encarrega-se de tarefas distintas e complementares: captação e transmissão de idéias arquetípicas, construção de moldes etéricos para a concretização delas, ajuste permanente do padrão criado ao original, destruição de formas ultrapassadas, entre outras funções.

Devas e anjos habitam planos suprafísicos e evoluem pelo cumprimento do propósito que lhes é dado conhecer, e não exatamente pela experiência adquirida na sucessão temporal de fatos. Não buscam resultados do que realizam, pois trabalham sem nenhum interesse. Seu campo de consciência é livre de vínculos, apegos e deturpações — fatores que contribuem para estarem fora do âmbito da lei do carma. Esse reino é, portanto, referencial imprescindível para os seres humanos.

O relacionamento consciente do homem com o reino dévico é fundamental à realização do plano evolutivo, mas para existir é necessário extrema pureza. Tal relacionamento se efetivará de maneira ampla no próximo ciclo da Terra, quando a humanidade estiver mais sutilizada, pois apenas quem é livre de vínculos pessoais e já se encontra em transição para o reino espiritual pode estabelecê-lo sem impedimentos.

O reino espiritual e o reino divino, como o dévico, evoluem fora do âmbito da lei do carma. A eles pertence grande parte das Hierarquias internas do planeta e de mais além. Com as transformações globais que ora se observam, no ciclo futuro o reino espiritual poderá aflorar com maior liberdade na face da Terra.

O que até hoje foi percebido e revelado à humanidade sobre essas Hierarquias é uma mínima parte desses reinos sublimes. Os que as compõem já não se enquadram nos sucessivos graus iniciáticos da ascensão humana; superaram-nos e vivem sob leis mais amplas.

Para que a humanidade da superfície da Terra pudesse aproximar-se mais do plano espiritual, e o fizesse de maneira consciente, os atributos e as tarefas das Hierarquias, na verdade imateriais e impessoais, foram apresentados de modo quase concreto, de forma que a mente humana pudesse concebê-los. Porém, decorrida essa etapa preparatória e tendo o homem alargado suas fronteiras mentais, tornou-se capaz de estar diante da essência das Hierarquias sem tantos véus e personificações.

Enquanto o ser humano não pode avançar por si mesmo para ir além das leis materiais, as Hierarquias espirituais o guiam, protegem e auxiliam; quando já consegue elevar-se, cumulam-no de dons e fazem dele um colaborador. É o agir-com-as-Hierarquias que dissolve o carma gerado no passado da Terra e prepara o reino humano para a liberdade do Homem Cósmico.

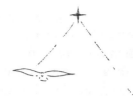

A regência da lei do carma nos planetas

A lei do carma exerce função reequilibradora não só no ser humano, mas em todo o universo material e, por isso, planetas existentes nesse âmbito passam pela etapa de serem regidos por ela antes de ingressar em estado evolutivo superior. Há os que já cumpriram essa etapa e conseguiram conhecimentos que os colocaram além das fronteiras materiais. Nesta galáxia, a Terra é o planeta que carrega o mais obscuro carma e resiste à purificação. Todos os demais aguardam-na para compartir desígnios melhores.

Apenas os planetas em evolução no nível físico, no astral e no mental se encontram sob a lei do carma. Além da Terra, outros planetas do sistema solar estão evoluindo nesses níveis, mas desenvolvem-se em harmonia com suas metas espirituais; assim, o carma, embora exista, não é para eles tão limitante. Há, ainda, planetas neste mesmo sistema solar que interagem fortemente com leis distintas da lei do carma; estão no que poderíamos chamar de *estado de vigília*, e não têm vida física.

Existem, pois, rumos diferentes que o homem pode tomar ao transmigrar deste planeta, quando chega o momento de fazê-lo. Quando Jesus se referiu às muitas moradas da casa do Seu Pai, podia estar falando dessa diversidade de mundos, onde há distintos modos de equilíbrio.

O carma do planeta pode ser aliviado pela liberação do carma dos seres que vivem em sua órbita e, como vimos, no reino humano isso pode ser feito à medida que pensamentos, sentimentos e ações se tornam altruístas e menos centrados no ego. Isso é fácil de compreender, mas não tão simples de pôr em prática. Todavia, vai-se tornando viável quando se efetivam certas mudanças, como o despertar do consciente direito, a substituição do atual código genético na humanidade e o alinhamento da Terra com leis superiores.

A lei do carma está vinculada à fase em que para evoluir a Terra necessitava de muita ajuda externa. Não fosse essa ajuda, ela já estaria desintegrada. Um planeta regido pela lei do carma encontra-se condicionado a equilibrar suas anteriores transgressões e, sendo cíclicas as suas etapas, em geral volta a cair nelas. Os planetas que seguem a lei evolutiva superior, por outro lado, têm uma trajetória ascendente ininterrupta, pois não reincidem em desarmonias dessa maneira.

Sob a lei evolutiva superior, os planetas de fato aprendem por meio da experiência; a cada lição, superam suas limitações e avançam. Não são como os que estão sob a lei do carma, que reiteram erros até chegar a momentos de juízo, como este em que a Terra agora se encontra. São momentos necessários, pois é quando o que está comprometido com a involução se separa do que se pode resgatar para planos de existência mais elevados.

O cosmos não conhece estagnação, e seu ritmo é vibrante. Uma Inteligência onipresente conduz tudo o que existe à expansão e, para isso, muda a conformação dos universos, ajusta-os — com todos os seres que deles fazem parte — à perfeição de leis cada vez maiores e mais abrangentes.

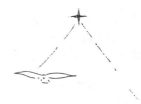

Nova etapa

Se fôssemos considerar as possibilidades atuais de a vida desta humanidade transformar-se naturalmente, constataríamos serem pequenas. No entanto, no íntimo de todos pulsa a certeza de que "algo" está pairando, algo que não é de todo conhecido, que não se sabe como se manifestará, mas que renovará a face da Terra.

A idéia de que o planeta se aproxima de uma nova etapa de vida não é utopia, mas percepção fundada na verdade. E, como essa etapa não se implantará por merecimento dos seres humanos, pode-se afirmar que uma parte da vida terrena já está além do carma.

O advento dessa vida, tão aguardada por todos, não decorrerá de movimentos sociais, políticos ou ideológicos. Na realidade, a nova Terra é um estado de consciência, já existente, que só espera o momento de aflorar.

À medida que reconhecerem a completa ruína a que a atual civilização chegou, muitos encontrarão essa nova vida pronta dentro de si. Na verdade, há os que trilham o caminho espiritual interiormente, sem terem plena consciência disso. A mudança será um passo natural, que darão sem resistências ou vacilações. A nova vida já lhes penetrou, silenciosa, o ser. Despercebida, firmou bases e irradiou energias.

Sem motivo aparente, esses seres descobrem que não podem continuar agindo como de costume e, assim, vão-se libertando da lei do carma. Sem saber como, tornam-se receptivos ao que de superior negaram no passado. Vêem desabrochar em si lucidez, equilíbrio, sintonia com a harmonia universal. Sua existência é absorvida em esferas mais amplas. Dirigem-se àquilo a que, embora não o soubessem, sempre aspiraram. Vencem o temor, vão além das idéias acerca do que é possível ao homem realizar. Paira sobre eles sagrada Presença.

Estamos hoje em importante fase dessa aproximação, e chegamos a um limiar delicado: a substância concreta da Terra desfaz-se em luz para acolher essa nova vida. Por isso remanejamentos estão sendo efetuados e um clamor interno volta a soar intensamente. A fluência da grande corrente não será interrompida, e o planeta se integrará no caminho cósmico que o aguarda.

A nova humanidade começou a ser formada há milênios e agora seu advento é seguro e inevitável, apesar das aparências em contrário. Suas vestes foram tecidas nos níveis internos do planeta, e alguns já aprendem a usá-las. Com essas ampliações, o homem se capacitará à imparcialidade, à neutralidade e à universalidade. Terá consciência do todo e será fraterno com os semelhantes, estejam eles em trajes corporais ou já em forma de luz, como se apresentam nos céus tantos visitantes extraterrestres. Finalmente a humanidade da superfície terrestre poderá irradiar o amor crístico e servir em vários planetas.

O novo homem se liberará de projetos de realização pessoal e se lançará à descoberta do que poderá levá-lo à plenitude como ente cósmico. Buscará o contato com a essência interior que alarga limites e o faz transcender seu lado humano e sectário. Sua existência será serviço, amor e vontade em nome da perpetuação da Luz.

Na nova fase, o encontro da essência não será apenas aspiração, mas realidade vivida. Não haverá enfermidades, e pequenas desarmonias serão equilibradas pelo contato com energias de cura irradiadas de fontes naturais e supranaturais, que serão bem conhecidas dos seres humanos.

Todos saberão que tarefa vieram realizar na Terra, tarefa inserida em um plano evolutivo bem amplo. Aprenderão a controlar os ventos, as chuvas, o curso das águas e a cooperar conscientemente na harmonia interplanetária, na ordem onde leis superiores coordenam o fluxo dos acontecimentos e a estruturação das formas.

Os membros da humanidade terão entre si unidade mental, fruto do contato com níveis de consciência intuitivos. O sentido de separatividade dará lugar à constatação da existência como uma totalidade.

O ser humano se consagrará co-criador do universo por ter transcendido a lei do carma, por aplicar o livre-arbítrio para optar pelo que é divino, por se reconhecer parte de um mundo sideral, por viver consciente de sua realidade interna cada vez mais luminosa.

Vi, então, um novo céu e uma nova terra,
pois o primeiro céu e a primeira terra desapareceram,
e o mar já não existia...
Ao mesmo tempo, ouvi do trono
uma grande voz que dizia:
"Eis aqui o tabernáculo de Deus com os homens.
Habitará com eles e serão o seu povo,
e Deus mesmo estará com eles.
Enxugará toda lágrima de seus olhos,
e já não haverá morte, nem luto, nem grito, nem dor,
porque passou a primeira condição".

Apocalipse 21,1

LIVROS DE TRIGUEIRINHO

1987

NOSSA VIDA NOS SONHOS

A ENERGIA DOS RAIOS EM NOSSA VIDA

1988

DO IRREAL AO REAL

HORA DE CRESCER INTERIORMENTE (*O Mito de Hércules Hoje*)

A MORTE SEM MEDO E SEM CULPA

CAMINHOS PARA A CURA INTERIOR

1989

ERKS – *Mundo Interno*

MIZ TLI TLAN – *Um Mundo que Desperta*

AURORA – *Essência Cósmica Curadora*

SINAIS DE CONTATO

O NOVO COMEÇO DO MUNDO

A QUINTA RAÇA

PADRÕES DE CONDUTA PARA A NOVA HUMANIDADE

NOVOS SINAIS DE CONTATO

OS JARDINEIROS DO ESPAÇO

1990

A BUSCA DA SÍNTESE
A NAVE DE NOÉ
TEMPO DE RETIRO E TEMPO DE VIGÍLIA

1991

PORTAS DO COSMOS
ENCONTRO INTERNO *(A Consciência-Nave)*
A HORA DO RESGATE
O LIVRO DOS SINAIS
MIRNA JAD – *Santuário Interior*
AS CHAVES DE OURO

1992

DAS LUTAS À PAZ
A MORADA DOS ELÍSIOS
HORA DE CURAR *(A Existência Oculta)*
O RESSURGIMENTO DE FÁTIMA *(Lis)*
HISTÓRIA ESCRITA NOS ESPELHOS
    (Princípios de Comunicação Cósmica)
PASSOS ATUAIS
VIAGEM POR MUNDOS SUTIS
SEGREDOS DESVELADOS *(Iberah e Anu Tea)*
A CRIAÇÃO *(Nos Caminhos da Energia)*
O MISTÉRIO DA CRUZ NA ATUAL TRANSIÇÃO PLANETÁRIA
O NASCIMENTO DA HUMANIDADE FUTURA

1993

AOS QUE DESPERTAM
PAZ INTERNA EM TEMPOS CRÍTICOS
A FORMAÇÃO DE CURADORES
PROFECIAIS AOS QUE NÃO TEMEM DIZER SIM
A VOZ DE AMHAJ

O VISITANTE – *O Caminho para Anu Tea*
A CURA DA HUMANIDADE
OS NÚMEROS E A VIDA
  (Uma Nova Compreensão da Simbologia Oculta nos Números)
NISKALKAT – *Uma Mensagem para os Tempos de Emergência*
ENCONTROS COM A PAZ
NOVOS ORÁCULOS
UM NOVO IMPULSO ASTROLÓGICO

1994

CONFINS DO UNIVERSO
  Novas Revelações sobre a Ciência Oculta (em preparo)
BASES DO MUNDO ARDENTE
  Indicações para Contato com os Mundos Suprafísicos
CONTATOS COM UM MONASTÉRIO INTRATERRENO
OS OCEANOS TÊM OUVIDOS
A TRAJETÓRIA DO FOGO
GLOSSÁRIO ESOTÉRICO

1995

A LUZ DENTRO DE TI

1996

PORTAL PARA UM REINO
ALÉM DO CARMA

1997

NÃO ESTAMOS SÓS
VENTOS DO ESPÍRITO
O ENCONTRO DO TEMPLO
A PAZ EXISTE

1998

CAMINHO SEM SOMBRAS
MENSAGENS PARA UMA VIDA DE HARMONIA

1999

TOQUE DIVINO
COLEÇÃO PEDAÇOS DE CÉU
   Aromas do Espaço
   Nova Vida Bate à Porta
   Mais Luz no Horizonteo
   Campanário Cósmico
   Nada nos Falta
   Sagrados Mistérios
   Ilhas de Salvação

2003

UM CHAMADO ESPECIAL
   Antologia de obras de Trigueirinho lançada em quatro idiomas.
   Em inglês: Calling Humanity
   Em espanhol: Un Llamado a la Humanidad
   Em francês: Un Appel à L'Humanité.

2004

ÉS VIAJANTE CÓSMICO
IMPULSOS

2006

TRABALHO ESPIRITUAL COM A MENTE

2009

SINAIS DE BLAVATSKY – *Um inusitado encontro nos dias de hoje*

Publicados pela EDITORA PENSAMENTO, São Paulo/SP, Brasil.

Toda a obra de TRIGUEIRINHO está editada também
em espanhol pela EDITORIAL KIER, Buenos Aires, Argentina.
Alguns livros do autor estão sendo editados em inglês pela
ASSOCIAÇÃO IRDIN EDITORA, Carmo da Cachoeira/MG, Brasil,
e em francês por LES ÉDITIONS VESICA PISCIS, Granada, Espanha.